いよいよワケがわからなくなってきた！

思春期男子の育て方

小﨑恭弘《こざきやすひろ》

すばる舎

はじめに

僕には中・高・大学生の子どもが三人います。全員、男の子です。

ちなみに僕自身も男三兄弟、僕の父親も男三兄弟の男家系です。小さい時から男ばかりに囲まれて、高校生の頃から青少年活動で男子とドップリ関わってきました。

「男子のプロ（?）」という異名もいただき、最近は大学で教鞭をとりつつ、講演会やイベントなどで全国をとびまわっています。


そうした場で、思春期の息子を持つお母さん方がよく口にされるのは、「ただでさえ男子は謎だったのに、思春期になったら、ますますワケがわからなくなってきた」「息子と、どう関わればいいかわからない」という悩みです。

「ブスッとして、『べつに』『ふつう』しか言わない」

「なにかとつっかかってくる」

「暇さえあれば友達とＬＩＮＥばかり。勉強もしない」
こんな感じです。

思春期男子の扱い方に、お母さんが戸惑うのは当然です。だって、それだけ大きな変化があるのですから。

まずは、思春期男子特有の不可解な変化の謎をハッキリさせましょう。そして、思春期男子というものを理解しましょう。そうすれば、今よりもっと関わりやすくなるはずです。

意味不明で、なかなか扱いにくい時もあります。また反対に、とても単純な時もあります。わからないことも多いけど、よく見てみると、わかりやすいところもたくさんあります。そんな彼らをうまく理解して、いい関係性を作りたいですよね！

お母さんが息子さんといい関係を築いて、これからも楽しく子育てできるように応援しています！

思春期男子４コマ劇場

スベスベだった顔が…

深夜まで勉強？

息子の友達

わ!!くつがいっぱい!!
しかもデッカイ!!
ぐちゃ
おじゃましてまーす
うわ~何人いんの?
ギュウ
ギュウ
※友達の親には笑顔
人口密度が高いせいなのか?なんだこの湿っけ!!
くもる窓ガラス
もわん
もわん
しかも……
ごゆっくり…
パタン…
なんかくさい!!

触りたい…!

ちょっと前髪のびてきたね~
さわんな!
パシッ!
マンガ
ガーン
ガーン
さっ…さわんな!?
ちょっと前までベタベタ甘えてきたくせにっ!!
母さんまだ息子と触れ合いたいんだよぉ~!!
うわーん!
ならば寝ている間に触ってやる。添い寝だってしちゃうぞ♥
う~ん…

大人
思春期
子ども

第2章 理解不能の謎がとける! ビミョ〜なお年頃の胸のうち

パシッ!
マンガ

ガッサガサ…

年代別　思春期男子の特徴　79

第3章

「とにかく扱いにくい！」がラクになる接し方

無視したり、つっかかったり…どうしたらいいの？　86

ギャース
ギャース!!

第4章 ガミガミ言ってもムダ！叱る時はメリハリが大切です

第5章 思春期男子がたちまちやる気になるほめ方

はっ!!
パン!!

第6章
「自立した大人の男性」に育てるために

第1章

なんなのウチの子！いよいよわからなくなってきた…

あんなに無邪気で単純だった息子が変わってしまった！

ずっと「お母さん大好き」だったのに…

男の子ってかわいいですよね。ちっちゃい時からいつもお母さんのことが大好き。「ママだーいすき！」「大きくなったらママと結婚する！」など、幼児期に愛の告白を何度受けてきたことか。

目の前で無邪気に甘えてベタベタしてくる息子に、「あーこの子は私の大切な宝物！」と自然と目が細まります。なんて幸せな時間でしょう！

しかしそんな蜜月も、３歳あたりからお母さんの予想と少しずつズレが出てきます。たしかに無邪気なんですが、どうも行動が読めない。動きが激しい。ポケットから

いろいろと出てくる。いつも服が後ろ前。なんか臭い。女の子ママとの会話がちぐはぐになる……。

まあ、それでも息子はとてもかわいいし、元気があるのもその子の個性！　周りにも男の子ママ達がいっぱいいるので、みんなで笑いながら子育てを楽しんでいけます。

小学生になると、息子達は息子道まっしぐら。ウンチ、おしっこ、オチンチンが大好きで、それらを叫んでは笑い転げている。ヒーローになりきり、いつも見えない敵と戦っている。男の子だけで集まり出し、秘密基地に住もうとする……。

10歳ぐらいまでの男の子は、とても自由奔放で、ほとんど野生動物のようなもの。行動原理が単純で、自分の思い通りに動きます。じっくり考えたり、周りのことを見たりすることができません。お母さんには理解できないことだらけでしょう。

でも、それが正しい男の子の姿です。とやかく言っても、まったく改善が見られない。あるいはふざけて、よけいひどくなる。どうしていいのかわからなくなるけれど、どこか憎めない、かわいい存在なのです。

この頃になると、息子さんの行動や思考が、なんとなくわかってきませんか？　理解や共感はできないままでしょうが、経験則で、ある程度読めてくる感じでしょう。

不機嫌で無愛想。扱いにくい！

しかし、この後、彼らは「思春期」に突入します！

はい、あの思春期。別名「第二次性徴」です。

少しわかりかけてきたと思ったのに、また行動や思考が読めなくなってきます。

最近、息子さんに変化が見られませんか？

思春期になると、これまであまり気にならなかったいろいろなことに急激な変化が起きます。

一番わかりやすい変化が、身体が「大きくなる」ということです。

まずは食べる量が多くなります。そして背が高くなっていきます。

日々一緒に生活をしていると、あまり感じないかもしれませんが、この時期の息子達は「雨後の筍」のように、ぐんぐん伸びます。服や靴を買い替えるスピードも上がります。

でもこの時期、**お母さん達が一番戸惑うのは、やはり息子の対応の変化**でしょう！

今までは、お母さんになんでも話をしてくれていました。

「今日ね、お友達に付き添って保健室に行ってあげたの。先生にほめられた！」「お母さん！　僕の靴下に穴が開いてるの知ってる？」など、別にこちらが知りたくないことや、聞いてもいないことまで、一生懸命話してくれました。

そんな、なんでも話をしてくれていた息子が、だんだんと話をしなくなってきます。

「最近、学校はどう?」と、お母さんが聞きました。

すると、一言ポツリ。**「べつに」**。おしまい……。


「クラブ頑張ってる?」と、息子さんが力を入れている活動の様子を聞きました。

すると、**「ふつう」**。おしまい……。


腹立ちますねー。この言い方が!

この「べつに」と「ふつう」という言い方を、思春期男子は本当によくします。

時には、完全な無視までするので、答えるだけ、まだマシなのかもしれません。

しかしよく考えてみると、この二つの答え方は、一応返事らしきものはしていますが、内容はまったくなく、自分の思いや意見なども皆無です。

つまり答えている体《てい》は装っていますが、基本的な姿勢は「全否定」です。答える意思など微塵も存在しません。

こんな答え方をしている時には、絶対にこちらを見ていませんし、もっと言うと、興味や関心も向けていません。「聞かれたから答えてあげた」ぐらいの感じです。

思春期ならではの「わからなさ」を解明

それまでは単純・素直で、お母さんの言うことはたいてい聞いてくれていました。しかし思春期になると、とにかく親に対して露骨に否定的な感情を見せ始めます。なんだか反抗してきたり、明らかに嫌がったりしてきます。

いきなり反抗的な形になるのではなく、最初は嫌そうな表情やめんどくさそうな態度から始まります。

今までなら、なんともなくしていた事柄に、いちいちつっかかるようになります。

「冷蔵庫から、お茶とってきてくれる？」など、たわいもないことについて、「えっ、俺？　いっつも俺ばっかりやん！　なんで俺ばっかりなの？」と言い出します。

これだけでも「あーめんどくさい！」と感じませんか？

そうなんです！　思春期男子は、めんどくさいものなんです。

それまでの子どもらしさとか、あどけなさ、かわいさがまったく見られなくなってきます。

かと思えば、突然、機嫌よくしゃべってきます。

あるいは、なんかベタベタとしてくる。妙に気を引こうと、あれやこれや話しかけてきたり、「肩でも揉みましょうか？」などと変なアプローチをかけてくる。

「小遣いでもほしいのか？」と変に勘ぐってしまいます。

かといって、別にそういうわけでもない様子。

「なんなの!?」と、こちらのほうが戸惑ってしまいます。

思春期男子の特徴は、この気持ちの変化の揺れの大きさです。同じことをしても、昨日は喜んでいたのに、今日は「はぁー」とため息をつかれます。

このムラのある感情表現が、本当にめんどくさいのです。

これらを含めて「思春期男子」です。別の言い方では「第二次反抗期」と言います。
2、3歳の「第一次反抗期」とは違う、ある意味めんどくさい、親の思うようにコントロールできない時期のスタートです。
親や先生、社会などへの反抗心が芽生えてくるタイミングでもあります。

当たり前ですが、女性を生きてきた、そして生きているお母さん達には、どうもよくわからない。息子がなんだか別の生き物になっていく感覚。

そんな思春期男子のあれやこれやを、一緒に眺めてみましょう！

思春期男子の世界へようこそ！

はじまりはじまりー。

これまでの接し方が通用しなくなります

身体は大人、心は子ども。妖怪人間の誕生

思春期って、だいたい何歳あたりのことを言うと思いますか?

一言で定義するのは、なかなか難しいのですが、だいたい小学校の高学年から18歳頃までといったところでしょうか。メインは中学生になると思います。

ただし、少し注意をしなくてはいけないのは、個人差が大きくあるということ。

スタートについては身体的な第二次性徴をその契機としますが、最近はなかなか終わりが見えにくくなってきています。大学生、あるいは社会人になっても、思春期の人が多く、自分というものが形作られていない傾向にあると言えます。

では、思春期って、具体的にはどのような時期なのでしょうか？

人の成長は、いくつかの段階に分けて考えることができます。

乳幼児期、学齢期、その次が思春期です。そのあとは成人期、壮年期、高齢期と続きます。

こう考えると思春期は、その時期は短いものの、「人生のちょうど真ん中」だと言えます。別の言い方をすると「大人と子どもの真ん中」の時期と言うことができます。

赤ちゃんから少しずつ成長をして、自分の思いや意思を持つようになってきた。

やがて心身ともに変化が起きて、なんとなく見てくれだけは大人っぽくなってきた。

とはいっても、決して大人ではなく、できないことやわからないことも多い。そのうえ社会の仕組みや、何をどうして生きていけばいいのかもよくわからない。ここに、身体は大人、けれど心は子ども、という中途半端な生き物が誕生します。そのうえ「男」です。「女」として生きているお母さんにとっては、どこから、そして何から手を付けていいのか、よくわからないでしょう。

まるで妖怪人間を相手にしているようなもの。「早く人間になりたーい!」と彼らも思っています。

かける言葉が空回り、叱ってもきかない…

お母さんと思春期男子について、いろいろと話をしていると、一番出てくるフレーズは**「わからない」**です（小崎調べ）。

「なぜあんなことするのですか?　わが子なのにわかりません」

「何を考えているのかわかりませんし、腹が立つのでわかりたくもないです」

「急にイライラしたり、ニコニコしたり、さっぱりわかりません」

こんな感じです。

そもそもお母さんにとって、男の子とは「ワケのわからない」存在ですが、そうは言っても思春期前までは、ある程度は理解できていました。

まだ幼く、考えや行動が未熟で単純だったので、たとえばウンチ、オチンチンと叫んでは笑い転げるといった不可解な行動も、予想の範囲内でした。また、素直なので、こちらの言うことを聞いてくれていましたし、質問や日課としての会話が多くあったと思います。

それが思春期になると、まず無口になり、自分の思いや感情を表に出さなくなります。感情の起伏が激しくなり、不機嫌、無感情になり、親との距離も開いてきます。

お母さんにはつらいですね。一番大切で大好きな息子と心の溝ができるのですから。

そうなると、ますます「わかりたい」「知りたい」という気持ちが強くなります。

しかし、息子はだんだんと手の届かないところへ離れて行ってしまう……。

そうされると「わからない」という気持ちが、お母さんの中でもっと強くなります。

では、当の本人は何と思っているのでしょうか？

これはとても簡単です。基本的に何にも考えていません。

試しに息子さんに聞いてみてください。「あなたのことがわからないの。今、何を考えているの？」って。

きょとんとした顔をして「は？　何言ってるの？」と言うのではないでしょうか？

彼らには、お母さんの「わからない」ということの意味自体が、わかりません。今までとなんら変わったつもりはないのに、急に母親から「わからない」と言われても、どうしたらいいのかわからないし、どうしてほしいのかもわからない。そもそも、その言い方自体に腹が立つ……といったところでしょうか。

思春期は、こうした親子間での悪循環が起きやすい時期だと言えます。

「わかりあえる」と思うからつらくなる

「クレーマーのお客さん」だと思いましょう

親子の噛み合わないやりとりは、たわいもない毎日の会話の中にも見られます。

今までは「晩ごはん何を食べたいの？」と聞いたら、「ハンバーグ！」「から揚げ！」「ラーメン！」と、すぐに反応があり、またその内容も単純かつ明快でした。

しかし、思春期男子は手ごわいです。

「晩ごはん何食べたいの？」と聞くと、「別になんでもいい」「お腹すいてない」「食べたくない」など、今まで聞いたことのないフレーズで攻めてきます。

それなのに、いざ食事になると「えーこれだけー」とか「他になんか食べるものないの?」「これきらいー、ラーメンないのー?」など、さっきの答えからは、想像もできないような文句を言い出します。

「じゃあ、さっき聞いた時に言ってくれたらいいのに!」と叫びたくなります。

でも、息子達に別に悪意はありません。先ほどは本当にそう思っていた、あるいは、先ほどはとくに何にも考えていなかった、というだけのことなのです。


お母さんにしてみると、食事の準備もあるし、せっかく聞いてあげているのに、という思いがどうしても残り、文句の一言でも言ってやりたくなります。

しかし、彼らの一言一言に、いちいち反

応していたら、こちらの心と体力が持ちません。最初から「難しいもの」と息子を捉えて対応しましょう。

思春期男子はクレーマーのお客さんのようなもの。あるいは、いちゃもんを言ってくるモンスターです。最初からほどほどのお付き合いを目指せばいいのです。

思春期男子という、まったく別の生き物

注意しても、「はいはい」と、聞いているのかいないのかもわからない返事を返してきたり、「どうしたの？」と聞いても「べつに」しか言ってくれなかったり……。

そんな噛み合わない、ワケのわからない言動が続くと、お母さんは戸惑います。

そして、戸惑えば戸惑うほど、息子のことを理解したくなります。

でも、思春期男子とお母さんは、親子であっても全然違う人間。全てをわかりあうことなんて不可能です。「わかりあえる」と思うから、噛み合わないのです。

最初から、わからないもの、あるいはズレがあるものという認識があれば、ズレが少ないと思います。**多少の「ズレ」はあって当たり前**と思うことが大切でしょう。

そのうえで、その「ズレ」の差を、できるだけ小さくしていければいいと思います。

ポイントとしては、何にズレがあるのかを理解しておくこと。言い換えると、**「一致している部分は何か」を理解する**ことだと思います。

食べ物や趣味、嗜好やタイプなどの中で、大きく一致できるところや合うところを意識しておき、それらを日々の生活の中で言葉にしたり、楽しんだりできれば十分だと思います。

お母さんも子離れの時期にきています

思春期は親離れのための通過儀礼

人生の真ん中の時期、思春期には二つの意味があります。

一つは、子ども期から脱却し、親離れしなくてはいけない時期であるということ。

そしてもう一つは、人生におけるとても大切な決断や選択を、自分自身で一度に見極めなくてはいけない時期であるということです。

お母さんにぜひ覚悟してほしいのは、思春期は必ずやってくるということです。

最近、反抗期があまり見られない若者たちが増えてきているようですが、反抗期と思春期はまったく同じものではありません。

思春期の一つの特徴が反抗期であり、思春期は成長の中で必ず子ども達に訪れる変化です。つまり大人になるための一つの通過儀礼であり、それを経ないと大人になることが難しい、あるいは大人になれない、とても大切な時期であると言えます。

別の見方をすると、大人と子どもをつなぐ大切な変化の時期ということです。つまり、思春期は子ども時代に一つの区切りを付けて、大人への階段を駆け上がるタイミングでもあります。


今と昔とでは社会状況が大きく変わっています。昔は、年功序列・終身雇用の社会だったので、いったん就職すると、その時点である意味ゴールでした。

しかし今の時代は、転職が普通のことになり、せっかく大人への階段を上ってゴールに行き着いても、その都度また新しいゴールへの階段が出現し、先々のゴールが見えにくい状況になっています。

こんな先行き不透明な社会の中で、子どもたちは進路を選択して前に進まなくてはいけません。思春期って、けっこう大変な時代なんです。

嵐に巻き込まれないようにご用心！

かの有名な詩人のゲーテは、この時期のことを「疾風怒濤《しっぷうどとう》」と呼んだそうです。まさに嵐で大時化《おおしけ》の海に小舟が浮かんでいるようなもの。なんとかギリギリ持ちこたえてはいるものの、今にも沈んだり、木っ端微塵に砕け散りそうです。自分で自分をコントロールできず、ただその嵐に翻弄されるだけです。

つまり**思春期は、混乱の中で自分自身をコントロールできない、本人にとっても、けっこうしんどい状況なのです**。

思春期男子達は、荒れ狂う嵐の中で孤独なサバイバルゲームをしています。

嵐の中なので、その周りにいる親や家族も大変です。とてつもないパワーを見せますからね、この時期は。

ただ、そんなぐちゃぐちゃの状態でも、進むべき方向を指し示す灯台は必要です。

お母さんは、その嵐に巻き込まれないよう注意しながら、進行方向をしっかり照らしてあげてください。

つい手を出したくなるけれど

思春期は、彼らが大きく揺れ動き変化するタイミングです。そして、「ママだーいすき！」だった息子が、どんどんお母さんから離れていく時期でもあります。

その変化に、お母さんは、どこか抵抗がありませんか？

息子という、お母さんが守り、そして育てるべき存在が、成長をして自らの足で第一歩を踏み出そうとしています。そしてその一歩はとても不安定で、まだまだぎこちないものです。

お母さんとしては、もう見ていられない感じでしょう。ついつい手を出そうとして、また転ばないように支えようとします。

しかし息子には自分でやりたい思い、あるいはお母さんから離れたい思いがあります。だから、その出してもらっている手を振り払おうとしたり、時には無視をします。

まさに「親離れ」のタイミングです。このような状態を「心的離乳」と言います。同時にそれはお母さんの「子離れ」のタイミングでもあります。

つらいですねー。これまでは、その手を求めてくれることで、親子の愛情を確認することができたのに、その確かな手触りを感じることができません。

断乳・卒乳の時のことは、覚えていますか？

うちの奥さんが言っていましたが、いろいろと手を尽くして、なんとかおっぱいから離れてくれた時に、うれしいような、けれど少しさみしい感じがするそうですね。

これは身体的な離乳ですが、**思春期には「心の中での離乳」が訪れる**のです。

もがく息子の姿を喜んであげて

息子の将来がとても心配……。お母さんであれば当然の気持ちです。

でも、こうした不安や心配が先に立つと、つい「今やっておかないと、将来困るよ」「未来のために今、頑張りなさい」といったメッセージを伝えがちです。

お母さんの気持ちはよくわかるのですが、これは息子にとっては、つらいことです。

思春期に彼らは二つの時間を生きています。一つは「未来に向けての成長の途中」という時間。そしてもう一つは「今」というリアルな時間。これら二つとも大切です。

でも、未来のことなど誰にもわかりません。未来というものは「今」の積み重ね以外にありえません。

だから、**未来と同じぐらい今を大切にすることが、子どもの将来につながる**と信じて、毎日を大切に過ごしてほしいと思います。

息子のことがまだまだ心配だし、離れていってさみしいかもしれませんが、親離れしていく息子の姿を素直に喜んであげてください。

この時期に子離れと親離れをしっかりしておくと、いい親子関係がその先も続いていきますよ。

大人でも子どもでもない中途半端な存在の思春期男子。育てるうえで、なかなか難しい時もあります。

まずは、思春期男子の生態や胸のうちを理解しましょう。対応がずっとラクになります。

次章では、そんな思春期男子の実態を解説します。

第2章

理解不能の謎がとける！ビミョ～なお年頃の胸のうち

思春期になっても、おバカなところは相変わらず

基本は「男の子」のまま

思春期になって、男の子はいろいろと大きく変化しますが、本質的なところは、これまでと同じです。基本は「男の子」のままです。たとえば、ワケのわからないものを収集する癖も変わりません。

幼い頃は集めるといっても、ダンゴムシとかセミの抜け殻とかでした。むちゃくちゃ集められると気持ち悪いですが、それでもある程度は我慢できます。

しかし思春期男子達は、ますます意味がわからないものを集め出します。ワックス、ガチャガチャ、アイドルの写真、色付きボールペン、キャラクターグッズ、キーホル

ダー、へんなぬいぐるみ、コイン、カードゲーム、アクセサリー、数珠……。

たぶんこの時点でお母さんはお手上げでしょう。

収集癖は、まだまだ続きます。漫画や雑誌、鉄道やカメラ、野球・サッカー・格闘技、将棋・囲碁の記事など、よりマニアックなものを際限なく集め出します。

もともと虫オタクだった子が、虫博士に進化しているケースなんかもあります。

ヒーローに憧れるドリーマーなところも、相変わらずです。


ということは、やっぱりお母さんには理解できないことだらけということです。

そのうえ大きくなってくるので、ちっちゃくて幼くてかわいい！といった感じが見られなくなってきます。幼いうちは許せた行動も、思春期を迎えて大きくなってくると、見た目に暑苦しくなってきます。


思春期男子の大きな特徴は、一言で言ってしまえば**「アホ」なところ**でしょう。

関西で「アホ」というのは、「愛嬌のあるかわいいことをしでかす、おもしろい子」というニュアンスなどもあり、決して悪いだけの言葉ではありません。

しかし、ここでいう「アホ」とは、「どうしようもなく呆れることをする、本当のアホ」という意味です。改めて解説する必要もないですが。

学ラン少年達が公園で本気の鬼ごっこ

うちの家には、中・高・大学生の男の子がいます。

先日も、中学生の息子とその友達が、汗だくになって近くの公園で、全力で鬼ごっこをしていました。

小学生なら「元気やね！」と微笑ましくも見られますが、声変わりもして親より大きな子が、真冬にTシャツ一枚でキャーキャー本気で走り回っているのは、いろいろと残念です。

嗜好の幅も、なかなか広がらず、相変わらずアニメやヒーローものが大好き。

日曜日の朝起きたら、三人の息子達が仮面ライダーを見ながら変身ポーズをとっておりました。真剣な表情で、ああでもない、こうでもないと言い合っていました。

もう少し崇高な趣味や嗜好を持ってほしいとは思いますが、いつまでたってもその

レベルから抜け出せません。
別の日に高校生の次男がアンパンマンのDVDを、ジィーと見ていたのには、さすがに親として心配になりました。

これらの姿を見ていると、「基本的には男の子はいつまでも男の子なんだなー」ということに気付かされます。

身体や見てくれの成長にだまされて、気持ちや嗜好もそれなりに成長していると見えるし、そう思いたい。

しかし残念ながら、そんなに急に育ちはしないもののようです。

思春期男子、いろいろと残念です！

この時期の男子には、これまでとは違ういろいろな変化が起きます。よい変化もあれば、困った変化もあります。

その変化は、成長ホルモンによる影響が大きいですが、家庭の様子、親の育て方など、育つ環境によって大きく左右されます。

あるいは親から受け継いだものや、本人の資質や性格など、さまざまな要因が影響します。

このように、子どもの育ちや性格によって、変化が見られる時期やタイミングには個人差があるということを、ぜひ覚えておいてください。

さて。ここからは、思春期男子に見られる特徴的な変化を6つお伝えします。

まさに、お母さんたちが一番戸惑い、そして必ず目にするあれやこれやです。

さっそく見てみましょう！

思春期あるある
1

ニキビ面・ヒゲ面に、グンと大きくなる…身体の急変化

目が覚めるたびに背が伸びている感じ

思春期男子最大の特徴は、この身体の変化です。

子どもの発達は、基本的には年齢に応じて右肩上がりで徐々に大きくなっていきます。他の動物が急速に成長していくことに比べて、人間は年齢に応じて少しずつですが、確実に成長していきます。

その伸び幅が一番大きいのが赤ちゃんです。もともとが小さいのであまり感じませんが、一年で体重3倍、身長1・5倍の成長を見せます。驚きですね！

さすがにそこまではいきませんが、10歳を超えて思春期に入り、中学生の頃になる

と、身長が伸び始めます。少し見ない間にぐっと伸びる感じです。二、三カ月ぐらいの間でも、けっこう伸びる男子もいます。

この時期、息子に身長を超されてしまうお母さんは、けっこういるでしょうね。


また、身長だけでなく、体重もぐっと増えてきます。ヒョロヒョロだった子も、手足がそれなりにがっしりと見えてきたり、胸板やお尻なんかもどっしりとしてきます。少し逞しさを感じられるようになります。

この時期の女の子が全体的に丸みを帯び女性らしい体つきになるのとは反対に、思春期男子は肩、足腰がしっかりとしてきて、シャープな感じの成長を遂げます。とくに運動をしていると、それが顕著になるでしょう。

この身体の変化は、声にも起きます。最初は、風邪を引いたのかな？　という感じで、少し声のトーンが変わってきます。本人も、咳き込んだりうがいをしたり、なんとなく違和感を持っているようです。

周りも、体調が悪いのかな？　程度の感じなのですが、気が付けば、声のトーン自体が下がって「声変わり」をしています。

食べても食べても足りない

この時期は食べますねー。気が付けば、いつも何かを食べている感じです。そして、すぐ冷蔵庫を開けます。

「なんか食うもんない？」これ以外の言葉を、あんまり聞かないようになりますね。

うちの三兄弟は、それぞれに野球をしています。三男は、キックボクシングもしています。次男は、朝早くから野球部の練習に行っています。

みなさん食欲絶好調です。ごはんはどんぶり。五合があっという間になくなります。

先日、夕食にお鍋をしました。お肉は、豚肉、鶏肉がメインです。物量勝負です。

それぞれに三パック、一人一パックのイメージです。野菜に豆腐に、くずきりに、ち

くわ……。何を入れても、あっという間になくなります。すごい勢いです。

親の食べる余裕などありません。長男、三男が抜け、ようやく親が食べられます。

次男はいつも最後まで粘っています。具材もそろそろなくなった頃、「ごちそうさま」。

食器を持って流しに行ったと思ったら、そのまま冷蔵庫を開けて「なんか食べるもの

ない?」と言いました。

そのセリフを聞いて、こちらがお腹いっぱいになり、気分が悪くなりました。いっ

たいどれだけ食べるのか? まあ、それだけ活動して、体力、エネルギーを消費して

いるということなのですが、あまりにも食べる量がすごいので圧倒されます。

ツルツルだった息子のあちこちに毛が…!

そしてこの時期に見逃せないのが「毛」です。オチンチンや脇やスネや腕など、あ

ちらこちらに生えてきます。

お母さんたちはショックを受けますね。「ツルツルだったオチンチンが汚れていくー！」といったところでしょうか。

口の周りや鼻の下にも、うっすらとうぶ毛が生えてきます。お父さんのような濃いヒゲではありませんが、息子の顔がちょっとおっさんぽく見えます。

牛乳を飲んだ後、うぶ毛に牛乳がついてヒゲのように見える光景は、お母さんには、けっこうショックかもしれません。

また、ちっちゃくてかわいかったオチンチンも、なんだかお父さんのに似てきます。息子もその変化に戸惑いますし、恥ずかしがったり隠したりします。お風呂に一緒に入りたがらなくなるのも、この頃です。

こうした変化は、みんなが通る当たり前のことなのですが、彼らはそのことに対して、時には悩んだり不安になったりします。

お母さんもどうしたらいいのかわからず、対応に困ることもあるでしょう。

そんな時に、ふざけたり、茶化したりする必要はないですよ。というか、そんな対応しないでくださいね。「息子にだったら何を言っても大丈夫！」と思っているお母さんが多いようですが、けっこう傷ついてますよ。思春期男子は！

基本はアホですが、この子たちは**繊細な「アホデリケート」**なのです！

お父さんがいたら話をしてもらってもいいですし、それが難しいなら、心の準備ができるように、身体に変化が起きることを少し前に教えてあげてくださいね。

なんとも言えない生臭さを発する

そして、彼らは臭くなります。

男の子は小さい時から「汗臭い」というか酸っぱい臭いがします。服や布団、カバンなどについたニオイは、激しい活動をした後、そのまま放置しているがゆえのもの。

それとは違って、思春期男子は「生臭い」です。なんとも言えない独特の臭いです。この時期は第二次性徴が始まり、精通（初めての射精のこと）も起きます。性的な成長も著しくて男性ホルモンが絶好調です。それが生臭さの原因です。臭いというのは、本人には気付きにくいものなので、お母さんが少し意識して、お風呂や洗顔等を勧めて清潔にしてあげてください。

さらに、彼らはニキビ面になっていきます。ニキビは、ホルモンの影響で毛穴に脂質が詰まる状態です。こまめなお手入れが必要なのですが、彼らはそんなめんどくさいことに積極的ではありません。鏡は好きなくせに、手間のかかることは嫌いです。なので、これもお母さんが少し気を配ってあげないといけないことかもしれません。

このように、この時期は、身体的な変化だけでもいろいろと起きてきます。こうした変化が見られたら、思春期の入り口に息子達がきたことの証です。その成長と変化は適切なものであり、ここまでちゃんと息子が育っているということです！お母さん、ここまでよく育てました。ご苦労様です！

思春期あるある2

髪形チェックに余念なし…気になる周りの視線

見た目に無頓着だった子が鏡に恋を

身体が変化してくると、今度はそれに伴い、心も変化してきます。

まずわかりやすいのは「自意識」が出てきます。

それまでの「男の子」時代は、ある意味、まったく自分自身に無頓着でした。

たとえば、服を前後、裏表、本当に間違って着ています。何度言っても聞きませんし、ある意味「ワザとしてる？」と思うほど頻繁に間違っています。左右が違う靴を履いていたこともありました。「どこまで気にしてないの！」と思います。

それと寝癖です。いっさい気にせずに、起きてそのまま学校に行きます。

そんな男の子が思春期に入り、なぜだか鏡に恋をします。

とくに朝、学校へ行く前に鏡の前に居続けます。まるで白雪姫の魔女。「鏡よ、鏡よ、鏡さん！」と言っているようなものです。

そこで何をしているのか？

もちろん髪の毛一本一本のお手入れをしています。朝シャンをして、ドライヤーを出してブラシで丁寧に整えてから、またわざわざ髪を濡らしてブラシを当てて、今度は違う角度からドライヤーを当てています。

そのうえ、前髪の五本ぐらいを持って、またまた別の方向に流していきます。

ジィーッと見ていると、二、三十分もそんなことをしています。本当に邪魔です。

どこがどう変わったのか、さっぱり見分けがつきませんが、本人なりのルールやお約束があるようで、「よし、今日は決まった！」とか「あー、今日は少し流れるなぁ」など、一人前の口調でその場を離れます。

また、鏡の前を通るたびに、チラッと目線を鏡に送っています。思わず「おまえはアイドルか！」とつっこみたくなります。

ヘンな香水を付け、眉毛を細く

思春期男子は、同世代のイケてる男子のやっていることが魅力的に見えて、自分も同じようにやってみようとします。

たとえば、学校には付けていきませんが、遊びに行く時には、髪にワックスや、なんだかよくわからない、いろいろなものを付けて行きます。

それが高じて、その次あたりは「友達にもらった」という変な匂いの「コロン」「フレグランス」という名の香水を付け始めます。もう鼻が曲がりそうになります。

うちの長男は中学二年生になった時に、ある日突然、眉毛をそろえ始めました。誰の、そして何の影響なのかはわかりません。

当然初めてのことなので、しかも父親のT型剃刀を使ったため、左右のバランスがおかしくなり、右側だけが細くて左側が太いという、なんだかできそこないのパンダみたいになっていました。

次男も中学生で始め、今度は細く細くなっていき、しまいに昭和のヤンキーみたいになっていました。野球部で丸坊主だったので、とても怖い感じの人になりました。

三男も中学生で始めました。左右のバランスを合わせながら剃っていくうちに、どんどん短くなり、平安時代のお公家さんのようになりました。最後は「麻呂」と呼ばれていました。

三人とも大失敗でした。

「悪ぶっている俺！」がカッコイイ

この時期の男子は、お母さんからすると、どうもよくわからないものを持ちたがり、変な服装になっていきます。

まず中学男子は、なぜか大きい長財布にチェーンを付けます。校則で決まっているのか?と思うほどに、なぜか同じようなものを持ちたがります。

そのうえ、その財布は、これまでのものとは違う悪趣味な感じです。大きなドクロであったり、十字架がついています。

そして中を見ると、お金なんかはまったく入っておらず、汚くなったカードやレシート、そしてなぜだか遊戯王カードやポケモンカードが入っています。このギャップに笑ってしまいます。

そして服装では、これもなぜだか「腰パ

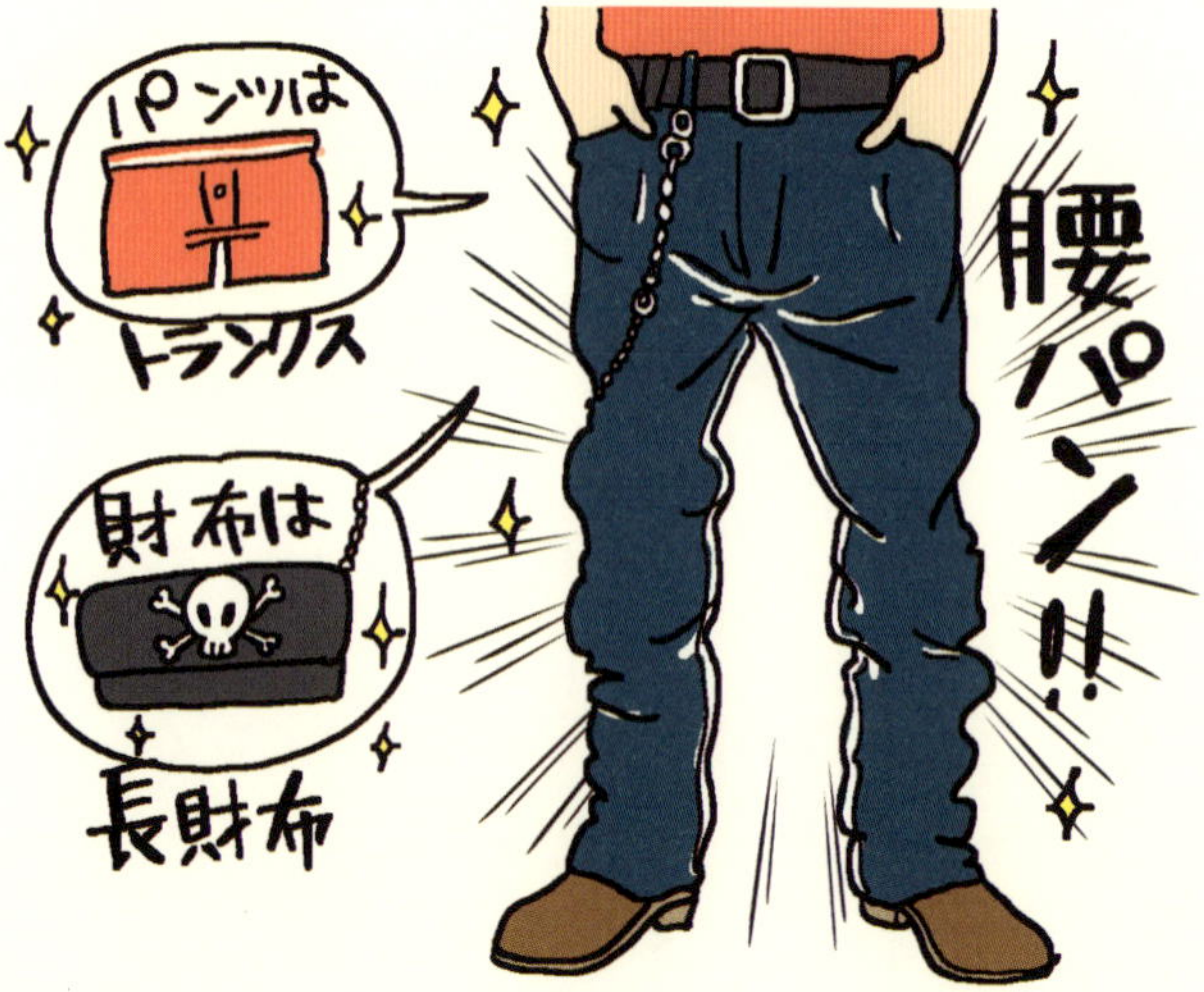

ン」になっていきます。何のお約束なんでしょうか？　親にはワケがわかりませんが、彼らにはお尻を出して、みんなにパンツを見せている自分が「カッコイイ」のです！

この段階で、パンツがグンゼのブリーフから、何かよくわからないキャラクターの目玉がついているトランクスになります（余談ですが、ブリーフの腰パンは、ある意味とても危険です。お笑いになりますので注意してください）。

思春期男子には、これまでとちょっと違う「悪ぶっている俺！」「社会から少し外れてる感じの俺！」がカッコイイのです。大きくなって写真を見たら恥ずかしい「黒歴史」なのですが、それがいいのです。外面《そとづら》を装って「虚栄を張る」という感じです。

これは同調性といって思春期の特徴の一つです。「みんなと一緒」という感覚です。

みんなと一緒が安心

同調する理由としては、一つには仲間意識を持てること、そしてもう一つは安心感だと思います。自分はみんなと同じで、外れていないという感覚ですね。そしてそれが仲間であることのサインになります。

これらはある意味止めようがありません。家では止めていても、外に出た瞬間、ズボンをずり下げます。

「みっともない！」「恥ずかしくないの？」と、お母さんは思うでしょう。

でもムダです。あきらめましょう。

こうした同調性は、ある時期に抜けていきます。そのタイミングで、より洗練された物を見せてあげてください。そちらへ移行していくように、うまく思春期男子のセンスを磨いてあげてください。

このように、思春期男子は自分自身の外見をとても気にします。つまり「自分が周りからどのように見られているか」が気になるということです。

それまでは、自分と家族と男友達程度の狭い付き合いの中にいて、周りと自分の違いや、その関係性には、ほとんど何も感じていませんでした。自己中心的で、意識の中に他人がいない状態だったといえます。

それがこの時期になると、自分というものを意識し、その関係性の中で他者の存在に気付き、自らを意識するようになるのです。

思春期あるある3

すぐに「うざい」、親に当たり散らす…不安定な心

壁に空いた穴は、青春の傷です…

最近、息子さんに、意味もなく不機嫌だったり、明らかにいやそうな、そしてだるそうな仕草や言動が見られませんか？

この時期、思春期男子が抱く感情が「不安」です。

たぶん人生で初めて感じる感情なのではないでしょうか？

彼らなりに自分の感情をコントロールしようと頑張ってはいますが、うまくいかない。そんな心の重苦しさが、「はぁー」「しんどい」「うざい」「めんどくさい」「やる気ない」「もういや」などの否定的な言葉になります。

僕自身を振り返っても、この時期、明確に何かということではなく、本当にただ漠然とした、えもいわれぬ不安感がありました。けっこうしんどかったです。
気持ちが悪いんです。毎日が。

思春期男子は、時に感情が爆発して、泣いたり、怒ったり、すねたり、ものを投げたり、たたいたり、蹴ったりもします。

気持ちの高ぶりをコントロールできずに、衝動的な行動に出てしまうのでしょう。

知り合いのお家では、壁にいくつか穴が開いていました。

お兄ちゃんが、お母さんと言い合いのケンカをした時に、衝動的にパンチをして開けたそうです。

お母さんが「私に向かってこないで、壁に行っただけ、あの子はえらい！」と、なにやらよくわからないところをほめていました。

時として聞くお話です（もちろん本人もやりたくてやっているのではないですよ！）。

本人もどうしたらいいかわからない

思春期男子は何度も言いますが、「ユレ」の時期です。

自分の身に起きる大変化の中で、心が、思いが、未来が大きく揺れています。

たぶん人生ずーっと船酔いみたいな感じなのではないでしょうか？

言いたいことや思うことはたくさんあるけれど、それがうまく整理できなかったり、言葉にできない。その気持ちのモヤモヤした感じや、不快な感情の正体もよくわからない。そんな行き場のない感情が、この時期、思春期男子に襲いかかります。

だから、周りから見ていてよくわからないし、また本人も、なぜ揺れているのかよくわかりません。そして、そのユレを止める方法がわからずイライラしています。

その止め方の一つの方法が、親に当たり散らすというものです。

「ごはんこれだけ？」「なんで起こしてくれなかったの？」「前もちゃんと言った！」「そんな言い方ないやん！」など、とにかく不機嫌でイラついてつっかかってきます。

それはやり場のない感情を、自分でどうにかしようとする行動の一つです。


お母さんからすると、迷惑な話です。ある意味、交通事故ですからね！　こっちは一時停止しているのに、横からバイクが飛び込んできて、文句を言われるみたいなものです。不合理です。

けれど思春期男子って、そんなものです。

思春期あるある4

ヒマさえあればメール…親より友達

つるんでいないとさみしい

思春期男子は「つるみます」。間違いなく集まります。驚くほど単独行動ができません。これも、お母さんには不思議な行動に見えてしまいます。

「なんで男子は連れションをするのか？」中学生、高校生の息子に聞いてみました。そうすると、二人の答えは奇しくも同じものでした。

「そんなん、一人やったら、さみしいやん！」ということです。僕より身長が高く、一見ガタイのいい大人に見える高校生の息子も「さみしい」そうです。吹き出しそうになりました。

でも、お母さんもそうだったでしょ？　つまり、常にみんなと一緒にいたいのです。友達が隣にいないと、不安なのです。彼らは孤独を極端に恐れています。

しかしその反対に、家族、とくに親とは極端に距離を置こうとします。横にいるのは、誰でもいいということではないようです。特定の決まった、自分自身のことを理解してくれる友達が必要なのです。

「親友」の登場

小学校中学年ぐらいまでの友人関係は、状況や環境に大きく左右された関係です。ですから、クラスが同じ時は一緒に遊んでいたお友達も、クラスが変わると、あまり遊ばなくなったりします。

もちろんそれらも大切であり、淡い友情的なものだと思います。

しかし、それが思春期になると、個人の心の変化・成長とともに、内面的な付き合いや、関わりができる友人を求めていきます。心の深いところで情緒的な関わりができる友人、いわゆる「親友」です。

別の視点から見てみると、**自分自身をしっかりと見つめてくれる、あるいは認めてくれる存在がほしい**ということです。

親友を作るために思春期男子は、いろいろなことをします。たとえば、一緒になって「いけないこと」をします。怒られるとわかっていること、あるいはそれがいきすぎて、反社会的、非社会的なこともします。

不良グループや暴走族などは、その端的な例でしょう。これは思春期特有の現象です。仲間に入りたい。そして社会や常識なんかより、仲間同士の絆を大切にする。そのためには、人の迷惑や社会のルールも破っていい。

このように、仲間内の理論が強固なものになって、その他のものが通用しなくなるのが思春期です。

話しているのはたわいのないこと

最近、学校からの帰宅時間が、なんとなく遅くなってきていませんか？

「クラブがある」「クラスで集まる」といろんな理由を言いますが、結局は、単に帰り道にダラダラとしゃべり続けているだけです。明日も会うというのに、本当に名残惜しそうに。まるで今生の別れです。

そして、帰ってきてからも、またメールやＬＩＮＥを続けています。それだけよくしゃべることがあるなぁーと感心します。

何を一体しゃべっているのか？

学校のこと、友達のこと、好きな子のこと、テレビのこと……。お母さんからすれば「くだらないこと」ばかりです。

けれど、彼らにはこれらが楽しいのです。お母さんもそうだったでしょ！　同じ話題を共有することで、自分自身の居場所を確認して、仲間の存在やお互いの思いを共有しているのです。彼らは、これがなくては生きてはいけないのです。

最近の思春期男子のＬＩＮＥのやりとり数が、一日どれぐらいかご存知ですか？

中学生の息子に聞いたところ、ＬＩＮＥの一日のメール件数は、スタンプも入れて平日でも二〇〇件以上です。

彼らにすると、メールがきたらすぐに返事やスタンプで反応することが当然。メールを読んだのに反応しない「既読スルー」をすることは大罪だというのです。

そして、それを守って、友達関係をどうにか維持していこうと懸命になっています。

お母さんの常識や当たり前などよりも、仲間同士の意識や約束のほうが何倍も力が強く魅力的なのです。

お母さんが友達に負ける日

思春期男子は、これまでの親や先生との上下関係より、**よりフラットな関係性**を意識し求めていきます。そして、その関係を築く相手は、自分と同じ立場で、自分のことをより深くわかってくれる友達です。

一度その友達を見付けると、これまで当たり前だと思っていた上下関係が、急に嫌なもの、不条理で不平等なものに見えてきます。このような気持ちが、親や先生に対する反抗心や抵抗感になって表れます。

「お母さんの言うことは間違ってる！」「僕は僕で考えていることがある！」「うるさい！　だまってて！」など、こんな言われ方したら、傷つきますよね？

でも、絶対的王者としての存在であったお母さんが、その地位を友達に奪われる日が必ずやってきます。チャンピオン引退の日です。

どうです？　スーッと引退できますか？　ここまで手塩にかけて育ててきた息子からの、まさかの引退宣言の言い渡し。きついですが、それが彼らの成長の一つの証です。「敗戦の将は何も語らず」。ぐっと我慢して、一歩引いて様子を見ましょう。

思春期あるある5

女子が気になる…強まる異性への関心

ベッドの下からヌード写真が…

思春期男子の忘れてはならない話題が、異性への関心です。

もちろんこれも個人差はあります。

僕の場合はどうかというと、「とっても強かった！」です。なんか気が付いたら、女の子のことばかり考えていた気がします。

この場合の「異性」は、思春期男子には二つのものとして捉えられています。一つは「セクシャル」「性的」なものへの興味・関心ということです。そしてもう一つは「特定の女の子」という対人関係への興味・関心です。

とくに「セクシャル」なものは、お母さんからすると、一番厄介で扱いにくいものなのではないでしょうか。女性と男性の身体の仕組みも違いますし、それぞれの興味関心の対象や、内容も千差万別です。頭ではわかっているけど、それをどのように伝えたり、話したりすればいいのか、その具体的な方法や手段がわからない。

また、やはりどうしても気恥ずかしいところがあります。

しかし、ある日突然その日はやってきます。

なにげなく掃除していたら、ベッドの下、机の隙間、タンスのセーターの下、ファイルの間、押し入れの袋棚……。なんとなく怪し気なところから、女性の写真や本が出てきます。それは水着だったり制服だったり、はたまたヌードだったりします。これはかなり衝撃的です!

けれど、そーっと元の場所に返しておいてあげてくださいね。

うちの奥さんの場合も、「ちょっときてー! 大変! どうしよう!」と叫んでいました。僕はゴキブリでも出たのかと思い、殺虫剤を持っていきましたけど……。

父親としては「別にいいんとちがう？　それが普通だと思うよ！」と、事実を受け止め、自分の体験と照らし合わせて、どちらかというと「息子も大きくなったものだ」と、ちょっと感慨深かったぐらいですが、母親はそうはいかないようですね。

好きな子ができる

思春期になると、最近のアイドルの追っかけをしたり、グッズを買ったり、ポスターをベタベタと貼ったりするようにもなります。僕の時代は、早見優と河合奈保子でした。こうした異性への関心は、クラスの異性に対しても見られるようになります。もちろんこれは男子だけでなく、女子についても同じです。

そして小学校高学年から中学校ぐらいに、グループ交際が始まったりします。みんなで一緒に遊びに行ったり、映画を見に行ったりします。男女でなんとなくワイワイとするのが楽しい時期だといえます。

そこから個別に分かれていきます。「誰のことが好き？」「あの子に告白する！」など、特定の異性に対する意識や思いがはっきりとしてきます。これが初恋です。

そういえば、そんな時もありましたね♪
甘酸っぱい感じです！
人を好きになるということ自体は、自然なことで、とても素晴らしいことです。
しかし、お母さんはちょっと冷静になれないようです。
「大好きな息子が、見ず知らずの女の子に持っていかれる！」
知り合いの男の子のお母さんが、酔っ払って愚痴っていました。
まるで恋人を奪われる映画のヒロインですね。

思春期あるある6

孤独好き、時々詩人になる…自分中心の価値観

大人や親、先生や社会はみんな敵

思春期男子は孤独を好みます。この時期にはお母さんのことを嫌いではないのですが、なんだかうっとうしい、ウザい存在だと感じるようになります（なんだか傷つきますよね。こんなにかわいがってきたのに！）。

そして自分自身の殻に閉じこもり、他の世界と社会から断絶を図ります。自己世界がすべての価値判断の中心となります。自分がよいと思えば、それはすべてよく、反対に自分が嫌、理解できない、納得できないものは、すべて否定します。

この時期、思春期男子の価値観は大きく揺れ動いています。「自分」というものに

不安を持ったり、将来について悩んだりします。その悩みが大きすぎて、時としてよくわからない行動に出たりします。

とくに大人や親、先生や社会の価値観を毛嫌いし、自分を特別視して、純粋化させていきます。さらには、社会や親、先生は、汚くて不潔なものであり、自分とは違うものとして捉えるようになります。

こうなると、お母さんをはじめ、お父さん、先生の言うことや指示に従いません。大人が至極まっとうなことを言っても、最初から聞く耳を持ちません。

不合理な話ですが、彼らはそんなことまったく気にしません。なにせ自分は特別なのですから。まさに「ピュアすぎる思春

期」と言えます。

消し去りたい、黒歴史のポエムノート

思春期男子は、視野が狭いというか、極端な行動に出ることがあります。

その極端に何かにとらわれていくものの一つに、「自分自身」ということがあります。ちょっと自分自身に酔っているというか、別の自分や理想とする自分を演出したり、憧れたりするということです。

お母さんにも、青春の「黒歴史」時代とかありませんか？　今では決して思い出したくない、消し去りたい時代の出来事です。

たとえば、自分の「秘密ノート」とかありませんでしたか？ 日記にとどまらず、好きな人との妄想だったり、未来の自分に向けた手紙などを書いたノートです。そこから発展して、「ポエムノート」などもなかったですか？

思春期男子は妄想が激しくなります。リアルな自分をどこかに置いてきて、妄想の中の自分になります。イメージは、**夢の中の住人。ドリーマー**ですね。現実と夢の区別がつきにくくなっています。

なかには、突然、詩人や芸術家、歌手やダンサーになる子もいると思います。ギターを弾き出したり、絵を描き出したり、ノートに詩を書き始めたりします。

お母さんからすると、「大丈夫？ ウチの子？」と思うでしょうが、周りの反応をよそに、本人はいたって真面目です。

多感なこの時期、芸術は、憧れたり自分の世界に浸れるものなので、彼らにとっては共感性が高いものであると言えます。このように自分の世界を実現できるものに出会うことは、とても素晴らしいことです。

少しの間は、うるさいですが、しばらくはほっておきましょう。

年代別　思春期男子の特徴

「思春期男子」と言っても、個人でも大きく違いますし、個性もいろいろです。すべてを一括りにすることは決してできませんが、特徴として、共通点や似通っているところもたくさんあります。そしてそれらは年齢によって一層際立ちます。

ここでは、彼らを年齢別に見てみましょう。

小学5・6年……背伸びしている時期

一概に何歳から思春期とは言えませんが、だいたい**10歳ぐらいを一つの入り口**とすることができると思います。

まさに小学校のこの時期が、思春期男子のスタート時期でしょう。

とはいえ、まだまだ幼いところもたくさんありますし、全体的にはかわいいものです。まだちっちゃいですしね。

しかし、それ以前の純粋な感じが、少しずつ曇った感じになってきます。

まだ数は少ないのですが、なにかしらどこかに引っかかったり、つっかかったりしてきます。

そして、お母さんと対等であろうとしたり、あるいは追い抜かそうとしたりします。「えー、そんなことも知らんのー」「こんなんもできひんのー」と、お母さんをライ

バル視したり、自分というものが少しずつ出てきて、それをアピールしたりします。

子どもが背伸びをしている感じが、この時期の特徴と言えます。

中学生前期……「男の子」から「男」への移行期

いよいよ思春期男子の本領発揮というところでしょう。

身体的な変化が顕著に見られます。声変わりして身体が大きくなる。ところどころに毛が生えてくる……。

少年が、青年の入り口に入ってくる感覚です。ぐぐぐーっときますよ！

生活の何気ない瞬間や少しの仕草から「あっ、男!」「大きくなったなー」という感覚を持つと思います。

幼かったあの頃の息子にはもう戻りません。残念ながら。

そして中学生になると、その生活範囲や友達関係も一気に広がり、お母さんがすべてを理解したり把握することが難しくなると思います。彼らなりの生活のペースや関係性を築いていく時期です。

「親より友人、友人より異性」というように、お母さんの大切さの順位が、その他強力なもの(友人・異性)が出てきて、勝手に下がってしまった感じです。

お母さんと息子の関係性にも少しずつ変化が見られ、対応にも変化が求められます。しかし意外にも、その変化に、お母さんのほうが戸惑っているように感じます。

中学生後期……「中二病」の一番大変な頃

まさに思春期のメインステージ。いわゆる「中二病」といわれる時期です。

第二次性徴で身体的、性的な成長が見られます。

高校進学を控え、進路や将来の判断が求められます。

反抗期でもあり、大人や学校や社会への反抗心や否定感が強まります。

自分自身で自分のことが一番わからなかったり、すべてのことに対して不安定になります。

時として、その不安定さが苛立ちになり、お母さんに当たったり暴言を吐いたりすることもあります。

一番大変な時期と言えます。

しかし本人が実は一番苦しんでいる、とも言えます。

このような不安定で中途半端な状況で、自分を信じて、これから進む道を見付けていく、とてもしんどい作業を行うタイミングでもあります。

お母さんの応援や励ましや、時には戦いや見守りなどが、とても大切な時期です。

高校生……自立まであと一歩の時期

高校生になっても、思春期はまだまだ続きます。身体も、もう一回り大きくなっていきます。個人差はありますが、まだ身長が伸びていく息子たちもいて、とにかく「嵩《かさ》高い」です。彼らが一人いるだけで、なんだか家が少し小さくなった感じを受けます。

高校という新しい環境に向かっていく姿は、頼もしく感じることもあります。

ただ必ずしもその新しい環境に、うまく対応できるわけではありません。くじけたりうまくいかなかったりしながらも、なんとか周りの力を借りて、自分の人生を作り上げていくタイミングです。

クラブ活動、受験勉強、友達関係、趣味等、輝く青春！という感じでしょう。

さあ、自立まであと一歩！　親も踏ん張りどころですよ。

第3章

「とにかく扱いにくい！」がラクになる接し方

無視したり、つっかかったり…どうしたらいいの？

キーワードは「距離感」です

お母さんにベッタリだった息子が、お母さんを避けるようになる。素直に聞いてくれていたことも、聞かなくなってくる……。

このように、思春期になると、幼少期の息子とお母さんとの関係が、そのまま継続できなくなってきます。さらに、思春期男子とお母さんの間に、**噛み合わない状況が頻繁に起き始める**ようになります。

息子の機嫌が悪い時に、「どうしたの？」「何かあったの？」と聞いたら、息子からうるさがられた。そこで声をかけないようにしたら、今度は「俺のこと心配じゃないんでしょ」と言われた。

また、「おやつ、一人で全部食べないでね」などの何気ない一言に、「どうして、そんなこと言うんだよ！　俺のこと信用してないのかよ！」と、つっかかってきた……。

思春期男子とお母さんとの気持ちにズレが生じ、だんだんと衝突する機会が増えてくるのが、この思春期です。

こうしたぶつかり合いを防ぐためには、両者の間に、適度な距離感が必要になります。距離が近すぎると、相手のズレを直そうと、ぶつかりがちですが、少し離れると、「ズレがあるな」ぐらいの距離感で相手を見られるようになります。

では、思春期男子からうるさがられず、かといって、ほったらかしにするわけでもない「いい距離感」を、どうすればとれるようになるのでしょうか？

ここでは、その具体的な距離のとり方・接し方について紹介します。

思春期には大きな変化が見られるので、急に変化したように感じられますが、ある日を境に突然、思春期になるのではありません。変化は少しずつ現れてきます。

小学校高学年、あるいは中学生あたりになった頃、なんとなくの感覚ですが「最近、前と違うな？」というような変化が見られるようになります。

それが少しずつ増えてきて、全般的にやりにくくなります。扱いにくい感じが増えてきます。ここで初めてお母さんは「あーこれが思春期！」と気が付くと思います。

気が付いた時にどうするか？　これが、けっこう大切なポイントです。

結論から言うと、「変化には変化で対応する」です。

腹立たしい態度に応戦しない

たとえば、思春期男子の反抗的で生意気な態度。お母さんが話しかけても、息子のほうが最初から拒否モードで、目を合わせずに下を向いているなどです。

こうなると、お母さんとしては、なかなか相手をしにくい。いくら「ウェルカム！」と言っても、相手の態度がこれでは、コミュニケーションの取りようがありません。

ついつい「ちゃんとこっち見なさい！　人の話を聞く時は、ちゃんと目を見るの！」と言いたくなります。

けれど、そういう言い方をしても、彼らはこちらを見てはくれません。反対に、よけいイライラしたり、「チッ」と舌打ちをしたり、「はいはい、見ま〜す」とバカにしたり、ふざけたような反応で返してきます。ホント腹立ちますね。

でもこれは、思春期男子なりの必死の抵抗だといえます。

彼らは、人の思いや感情をきちんと真正面から受け止めることがとても苦手です。しかも、その行為を恥ずかしいと思っています。

そのような状況になることを極端に恐れて、気持ちが逃げているから、そのような状況にならないように抵抗しているのです。

こんな時は、「大人になりなさい！」という言葉や思いを投げかけてもダメです。

彼らは大人ではありません。大人になる練習を今、しているのです。ここは大人であるお母さんが譲って、その場をおさめましょう。

少し冷静になれば、息子の反抗的な態度も、それはそれでかわいいものですが、当の本人を目の前にして、そのような冷静な分析をしたり、彼らの思いを受け止めることは、なかなか難しいと思います。

やりとりを途中で止めてもいいし、ほかのことにごまかしてもいいです。一時的に外に逃げ出しても大丈夫です。**イラッとしたら、まずは一度、場面を区切りましょう。**

母親が相手だからぶつかれる

思春期男子は、自分の不安な気持ちを打ち破るために、親の持っている価値観を踏み台にして、新しい価値観を見付け出します。ここに親子のケンカや言い争いなど、息子達の反抗が出てきます。

まさに、新しい自分を見つめていく過程で、親という存在を乗り越えていくタイミングと言えます。この心の葛藤は、彼らの成長において、とても大切なものです。

彼らは、親や教師、学校や社会など自分以外のものに対して敵対します。あるいは、最初から否定的な意識を持ち、時にはケンカ腰で関わってきます。

なかでも、お母さんに対してとくに反抗します。相手が大好きなお母さんだから、思い切ってぶつかっていったり、当たっていくことができるのでしょう。

また、**彼らは情緒不安定な時、お母さんから「ほっとかれた」と感じると、自分のことは棚に上げて、大きな喪失感に襲われます。**簡単に言うと、お母さんを失うという感じです。その喪失感への恐れが、時として大げさな言動につながります。

こうした行動は、本当はお母さんのことが大好きという気持ちの裏返しでもあります。心を本当に許せる相手だからこそ、キレることができるのです。

しかし、相手をさせられるお母さんはたまったものじゃありません。

でも、これも成長の一つのアクセントなのです。

時には「腰を据えて」向き合って

今のお母さんはとても物わかりがよく、子どもに対して受容的です。基本的にそれでいいと思いますが、意外に思春期男子は、物や人にぶち当たりたがっています。

思春期男子がぶち当たりにお母さんのところにきても、それを妙に避けたり、うまくかわし続けたりすると、彼らはその思いの持って行き場がありません。どうしていいかわからず、その思いだけが変に溜まったり、あるいはよからぬ方向にいってしまいます。それを避けるためにも、時々正面から対応してあげてください。

別にケンカを勧めているわけではありません。思春期男子の思いを正面から、時には全身全霊で受け止めてあげてほしいと思います。

もちろん怖いと感じる時もあるでしょう。それでも、彼らとしっかり話をしてほしいですし、親は誤魔化したり逃げたりしないということも教えていってほしいです。

家族内のトラブルや、時としてのもめごとは、ないほうがいいですが、まったく何もないということも不自然です。**人と人との感情が、ダイレクトに関われる場が家族です**。そこで親が「腰を据えて」息子にきちんと向き合うことが大切です。

思春期男子は「今、ここ」中心で生きている

親子のすれ違いの原因

思春期を表す言葉に「多感な頃」という言い方がありますが、まさにその通り。

思春期男子は、外からの目を意識し始め、そして自分がどのように見られているのかを気にし始めます。自分自身への意識と、周りからの意識の二つの視点が複雑に交差している感じです。

本当は、そんなに誰も彼を見てはいないし、また意識もしていないものです。

しかし本人はそう感じません。たかが近所のコンビニへ行くだけなのに、髪の毛のセットは真剣に行い、着ていく服に悩むのです。具体的に誰かに会うとか、何かが起

きるとかではなく、**彼らの心の中に起きているることが、彼らのすべてです**。

実際の事象はさておき、本人にとってそれらがどう意識されるかが大切なのです。

「いつまでそんなことしているの！」
「誰もそんなこと気にしてないよ！」
「どっちを選んでも一緒よ！」

うちの家では、このようなフレーズを毎日、何度も繰り返し聞いています。

お母さんからすれば、彼らの行動の多くは「どうでもいいこと」あるいは「非効率でムダなこと」に見えると思います。実際にそうなんだと思います。

しかし大切なのは、行動のあり方ではな

く、彼らの心の中で、それらの行動は「しなくてはいけない」「せずにはいられない」ということです。お母さんにとって無意味なことでも、彼らなりに理由があって、やりたくてしかたがないことなのです。

ここに「お母さんVS思春期男子」のズレ、すれ違いの大きな原因があります。両者にとって、一つ一つの行動や思いが、それぞれに違うもの、意味、価値になっているのです。これでは、意思疎通なんてできません。

「将来」や「社会のルール」を考えられない

親子でいい関係を保つには、近すぎず離れすぎない距離感が必要です。

その「いい距離感」を保って接するには、お互いの価値観や思いの理解が必要になります。

お母さんは思春期男子が大切にしているものを、まずはしっかりと理解してあげてほしいと思います。

では、彼らは何を大切にしているのでしょうか？

思春期男子の大切なことは、わかりやすく言うと**「今・ここ」中心**になっています。今から自分が直接的に関わる楽しいことや、物や人ということです。キーワードは「快」です。

たとえばうちの息子を見ていると、行動原理は、「ご飯」「友達」「異性」「好きなこと」ぐらいでしょうか。とても単純で簡単なものだと言えます。

しかし、お母さんが思う大切なこと、「勉強」や「習い事」「社会のルール」などは、なかなか彼らの大切にしているものの中に割って入ってきません。

お母さんからすると、「すぐ」してほしいものですが、彼らにとっては「今」でも「ここ」でもないからです。

大切にしているものを知ってあげましょう

息子さんに、こんな言い方をしていませんか？

「ちゃんと勉強しないと、将来困るよ」

「そんな変な服、誰かに見られたら恥ずかしいよ」

彼らを見ていると、一度は言いたくなるフレーズなのではないでしょうか？

これらは、「これからのあなたのことを思って言っている言葉」「あなた以外の他者や社会が困るから言っている言葉」です。

それらはとても大切で重要なことですが、思春期男子の「今・ここ」という価値観や概念からは大きく外れます。

彼らからは、「他人事」「不快」なキーワードにしか見えないでしょう。

そしてこれらには、なにかしらの「努力」や「我慢」が求められます。

当然です。社会で生きていくということは、そのようなことを受け入れて、自分自身で自分の行動を律して、最終の責任を取るということですから。

しかし思春期男子は、社会の正しいことや常識がまだわからない。あるいは、あえてわかりたくありません。

一方は「快」を求めて、もう一方は「不快」を与えている。両者の思いがかけ離れ過ぎていると、関係はうまくいきません。

ほっといて！
…でも時々かまって

本当にほっとくと逆ギレ

思春期男子とのやりとりは、一つ一つが「日替わり」だったりします。ですから、それにいちいち合わせるのはとても大変ですし、お母さんの心も、ささぐれ立ちます。そこで、相手をするのが煩わしいからと、しばらく放置をしてみると、それはまたそれでややこしくなります。

たとえば、お母さんが一生懸命早起きして作ったお弁当を、息子が全然食べていないので、「もう明日からお弁当作らないよ！」と少し突き放してみる。

すると息子は一時的に、「あーごめん、ごめん」と一応反省しているっぽくは見せる。

しかし、またまた食べないことが続くので、お母さんも実力行使に出て、本当にお弁当を作らない（息子にとっては自業自得ですね）。

ただ、そこで息子が反省をするかというと、まったくしません。その代わり何が起きるかというと、逆ギレが起きます。「そんなん食べられないんやから、しかたがないやろ！」「もう俺には何も食べるなということなんかー」「飢え死にしたらいいんやろ！」など、とんでもない言いがかりを付けてきます。

たかがお弁当ごときで「生きる・死ぬ」まで持ち出してきて本当にめんどくさいです。けれど息子は、決してふざけているわけでも、極端に大げさに言い放っているわけでもありません。心の底からそう考えているのです。

今この一瞬だけ干渉しないでほしい

そんな彼らに何か一言言おうものなら、何倍にもなって返ってきます。

それでも息子のためなんだからと思い、話をしたり思いを伝えても、最後には「もう、ほっといて！」と言われます。これもまた、なかなかにつらいです。息子のためなのに、この根幹のメッセージが残念ながら伝わりません。

結局、こちらからいろいろとアプローチをかけたり優しくしても、息子側が受け取らない、時には無視される、バカにされる……などが続くと、お母さんのモチベーションはダダ下がりになります。

売り言葉に買い言葉というやつで、「ほっといて!」と言われたので本当にほっておく。すると、しばらく冷戦が続き、会話がなくなります。

ほっておくことは一つの関わり方だとは思います。

しかし、そうすることで息子が反省して、「明日からそんなことは言いません」と真摯な行動に出ると思いますか?

残念ながら絶対に出ません。よけいに意地を張り、ますます対応が難しくなります。

「ほっといて」という言い方は、「今、僕には干渉しないで」という彼らのメッセージです。それはまさに「今」ということです。

すごく勝手な言い分ですが、明日どころか一時間後はどうなるか、本人にもわかりません。もしかしたら、一時間後には、関わってほしいのかもしれません。

思春期男子は日替わりの生き物です。だからお母さんも、その言葉一つ一つにあまり過敏に反応しないで、すこし大きな気持ちで受け止めてあげてほしいと思います。

目は離すけど心は離すな

子育ての格言の一つに、次のようなものがあります。

乳児はしっかり肌を離すな
幼児は肌を離せ　手を離すな
少年は手を離せ　目を離すな
青年は目を離せ　心を離すな

子どもの成長に応じた親の関わりと心がまえをうまく表していますね。
思春期は、最後の「青年」にあたります。
この「目を離す」とは、どういうことでしょう？

この時期にはある程度、身辺自立や最低限のマナーなど自分のことができるようになっているので、その部分は任せてみるということです。

反対に言うと、この時期までに、そのようなことについては、しっかり身に付けていくことが必要ということでもあります。なかなか難しいですね。

そしてもう一つの「心は離すな」。

活動範囲やできることが多くなり、思春期男子はお母さんの知らない自分の世界を、どんどんと作っていきます。しかしそれらをすべて息子に任せるのではなく、最終的な心の拠り所として、緊急時の対応ができるように、親の気持ちは最後まで離してはいけない、ということです。


思春期になると、一人前のように見えたり、感じたりします。しかし、まだまだ子どもの部分も多いです。判断が甘かったり、無責任な場面も多々あります。

そこをちゃんと捉えて社会のルールを伝えていくことも、親の役割の一つです。

心を離せるようになるのは、もう少し先でしょう。

怪しくても知らんふりしてあげてください

秘密を持つって大事なこと

思春期に入り、少しずつ成長していく中で、彼らはお母さんに対して秘密を持とうとします。

たとえば、一人自分の部屋に閉じこもり、鍵をかけて夜な夜な何か怪しいことをしている……といったイメージでしょうか。おそらくロクなことはしていませんし、お母さんには言えないことをしているのでしょう。

この怪しい行動の原因の一番端的なことが、性的な事柄です。オチンチンに毛が生えたり、精通が起きたり、クラスに自分の好きな子ができたり、手紙をやりとりしたり、女の子とのお付き合いが始まったり……。こうしたことを思春期男子は、あまりあからさまに、お母さんに伝えることは少ないと思います。

彼らは恥ずかしいのです。**とてもシャイな存在です**。こんな僕でも昔はそうでした。

それまでは家族と一緒に生活をして、その家族との世界が自分のすべてでした。隠し事や秘密を作る隙間も空間もありませんでした。作る必要もないですしね。

それが少しずつ、自分一人だけになれる場所や時間をほしがるようになります。人生初めての、親と区切られた時間と場所の確保。そこでの支配者はまさに自分自身です。何をしてもいい、そんな感覚です。

その物理的な区切りは、心の区切りにつながります。そして、お母さんとは違う「自分」ということを意識し始めるようになります。

この、お母さんとも家族とも別の存在である「自分」という感覚や体験は、彼らの成長や自立にはとても大切なことですし、むしろ必要なことです。

自分だけの秘密を持ち、そのことに対して、隠したい感情や見られたくない感覚を抱くことは、思春期男子の大きな特徴であり、正しい成長であると言えます。

ただ、この秘密をお母さんはあまり快く思いません。息子のことが大好きで、そしてとても心配なお母さんは、息子のすべてを知りたがるからです。

しかし、息子さんはお母さんの元から、いつかは離れていくものです。さみしい気持ちや悲しい気持ちになると思いますが、それが成長の証です。喜んであげてください。

そして、その**秘密を秘密のまま大切にしてあげてください。**知っていても、わかっていても、知らんふりしてあげてください。

ネットの使い方は話し合っておきたい

でも、エッチな本やDVDを偶然見付けてしまった時、やはりお母さんとしては心穏やかではありませんよね。

最近よく聞くのが、スマートフォンやタブレット、自宅のパソコンのネット履歴を見ると、「おっぱい」「女性　裸」「エロ　動画」などの検索が残っていたというものです。ちょっと動揺してしまいますね。

これが「熟女」「外人」とかだったら、また別の心配もしなくては（笑）。まあ個人の趣味なんでどうでもいいのですが……。

とはいっても、笑っていられないこともあります。

とにかく現在「性」に関しては、なんだかとても歪曲されているもの、そして大げさなもの、あるいは間違ったイメージが氾濫しています。

僕が思春期の頃は、自動販売機でエッチな本を買いに行くしか方法がありませんでした。本の内容自体もマイルドなものでした。そんなものでも隠すのに必死になっていました。とても牧歌的なエロ話です。

しかし近年のインターネットなどになると、そのようなのどかなものではなく、よりダイレクトで、過度に誇張されている、まさにゆがみ過ぎているエロや間違った情報が溢れています。そしてそれらに、本当にすぐに接することができてしまいます。

そのようなものに初めて触れる思春期男子は、抵抗もできず、すぐに取り込まれてしまうでしょう。ですから、インターネットの使い方なども含めて、少しだけでもいいので、彼らと「性」について話す機会を持つようにしてください。

そして、その時、決して責めるのはやめましょう。**責めたり、怒ってしまうと、「性はいけないもの」「ダメなもの」「不潔なもの」というイメージの植え付けになってしまいます。**デリケートな部分なので、しっかりと関わってあげてくださいね。

「どうして、お母さんに隠し事するの！」というような叱り方も、やめてあげてほしいと思います。「これどうしたの⁉」と言って、エッチな本を白日のもとに晒されることぐらい恥ずかしいことはありません。もう少しマイルドに、見て見ぬふりをしてあげてほしいと思います。

やっぱり、お母さんが安全基地なのです

ここまで育ててきたわが子に違いはない

思春期男子は、つながっている存在です。

大きく揺れ動き、時には激しい言動が見られるこの時期ですが、子どもがまったくの別人になるわけではありません。

昨日と今日と明日で、変化は少しありますが、同じ一人の人間です。ここまで育ててきた、お母さんの作品です。

「思春期は変化の時代」ですが、その変化も、これまでの育ちという土台があって初めてできる変化です。これまで親子で築いてきた経験や体験の上にしか存在しません。

どのような形であれ、これまでの育ちの延長線上の変化です。

だから、思春期男子が反抗的になるなど、ややこしいことになっても、それはこれまでの親子の関係性や育て方が表面化したものだといえます。

つまり、**思春期はこれまでの親子の関係性が試される時期**とも言えるのです。親としての覚悟を持ちましょう。

思春期男子とお母さんの間に「いい距離感」を保つためには、「親子できちんと話ができる」「お互いの話が聞ける」関係性や、その体験が重要になってきます。

何気ないことですが、これは実はとても難しいことです。今からでも遅くはありません。早いうちから、ぜひそのことを意識するようにしてください。

親子の関係性をよくするためには、日頃から彼らが大切にしているものを直接聞いてみるといいでしょう。「あなたの大切にしてるものは何？　お母さんもそれを大切にしてあげたい。だから教えて」といった感じで。

これは質問という形をとった、「最近のあなたの考えていることがよくわからない。けれども、あなたの思いは大切にしたい」というお母さんのメッセージです。

彼らが、このメッセージを受けとってくれたら、だいぶ意思疎通がしやすくなりますよ。

会える時間が短くてもしっかり見てあげて

最近落ち着いて、息子さんの顔を見たり、ゆっくりと話をしたことありますか？

今のお母さんは忙しいですよね。お仕事以外にも、地域活動に習い事や趣味、お友達やご近所とのお付き合い。それに加えて、おうちの家事全般をしなければならない。

父親の育児も最近はよく見られますが、まだ一般的には、お母さんが家のことについては主になっていることが多いと思います。

父親も仕事で忙しい。そして子どもも、学校やクラブなどで忙しい。

今の社会、まったく暇な人は、あまりいない感じがします。

このようにお互いがとても忙しく、バタバタと慌ただしく一日が過ぎていく中で、息子さんの存在や変化に気付くことはできていますか？

毎日一緒に生活をし、ご飯を一緒に食べる機会を持ててはいるものの、意外に家族の間で、しっかりとした関わりができていないのではないでしょうか？

家族って、いるのが当たり前すぎて、あえて意識化したり、特別扱いなどはしません。そんなことをいちいちしていたら、生活するのが大変になるからです。だからお互いが、空気のような存在になって生活を営みます。

日常というのは、いつもと同じほうがいいのです。それらを変えるということは、とてもしんどい作業です。

しかし思春期男子は変化のタイミングを迎えています。その変化にお母さんが鈍感になっていませんか？

幼い頃はいろいろと気になったり、世話を焼いたり、確認したりしていたことが、成長とともに「もういいかー」「自分でできるでしょ」といった感覚が前面に出てきてしまい、時として無関心になります。

でも、「もう大人なんだから」という感覚は危険です。彼らは大人じゃありません。いちいち口を出す必要はないですが、彼らの成長や変化については、丁寧に細かく見ていてください。

間違った方向に進もうとしていたり、混乱しているのを見付けたら、そのタイミングでしっかり関わりましょう。

最後には帰れる場所

思春期男子は、家族との生活を通して成長していきます。

彼らとの毎日の関わりにおいて、お母さんに意識してほしいことが、もう一つあります。それは、「安全基地になる」ということです。

これには二つの意味があります。

一つは「日常生活の基礎を大切にする」という意味です。もう少しわかりやすく言うと、衣食住を基本とした日々の生活をしっかり送るということです。

生活の基本は、生命の維持です。反抗的な思春期男子が、お母さんとケンカをして冷戦状態が続いていたとしても、お母さんの作った食事はしっかり食べる。そんな親子関係は、やはり大切にしたいところです。

もう一つは「緊急時の避難場所」という意味です。

思春期男子は生意気です。時にお母さんに対して偉そうな物言いをします。虚栄を張り、友達と関わり、トラブルを起こすこともあります。

うまくいっている時はいいですが、世間はそんなに甘くもなく、うまくいかない時やつらい時もあります。かといって、お母さんが代わってあげることはできません。彼らはつらさを学んでいる最中なのですから。

そんな時にお母さんにできることは、最後の砦として、家族や親子の関係性を伝えることでしょう。


メッセージとしては、次のようなシンプルなものでいいと思います。

「何があっても、あなたを信じている」

「家族はあなたを大切に思っている」

荒れる思春期の息子には、普段このメッセージは届きません。聞く耳も持たないでしょう。

それでも、本当にしんどい時や困った時、「帰るところがある」ということを言葉以上に感覚として伝えていってほしいです。

難しいことですが、心のどこかで彼らを許す気持ちと、受け止める覚悟があれば、まずはそれでいいのではないかと思います。

人の生活は決して、いつも順調なわけではありません。**大切なのは、大変な時の関わり方や支え方**でしょう。一時うまくいかなくても、そのことをうまく活用して、最終的に自分らしい生き方や人生を送ることができればいいと思います。

思春期男子は迷いの中にいます。その迷いながらの道でも、大人がうまくナビゲートしてあげることで、彼らが持つ本来の力を発揮させることができます。思春期特有の有り余る大きなパワーをうまくコントロールして、いい方向に向けられるといいですよね。

まさにお母さんの腕の見せどころだと思います!

長男14歳の誕生日に贈った手紙

親のメッセージを伝える方法は、何も直接的な対面の会話だけではありません。メールをしてみるのもいいですし、父親や兄弟にメッセージを託すのでもいいです。

また一つ提案なのですが、時々手紙を書いてみませんか？

息子に手紙を書いたことありますか？

手紙、いいですよ。僕は節目だけですが書いています。親としての自分の思いや、これからの子育てや理想などに、それなりに思いをはせることになります。

また、直接的な会話が苦手な思春期男子も、手紙であれば読んではくれます。

ただし手紙を出すことで、すぐいろいろなことが解決したり、改善するということでもありませんので、過度な期待はしないでくださいね。

お母さんの今の思いやメッセージを伝える手段としてはオススメです。


今は大学生の長男が、14歳の誕生日を迎えた時に贈った手紙があるので紹介します。高校入試前の、ちょうど彼なりに次の人生に進もうというタイミングに合わせる形で書きました。

遼介

3月17日になりました。仕事はちっとも終わりそうにありません。

文章書いていたので、その流れで、お祝いの手紙書きます。

お誕生日おめでとう。一年間があっという間です。また14年間も振り返ればあっという間でした。

お前が生まれた日のことは、今でもよく覚えています。まあこれまでに何百回と、その話を人前でしていたからですが。そしていろんな所にも書いていますから。

なかなか自分の出生を文字として、見ることはないと思います。もう少し大きくなったらインターネットなどで自分の名前検索してみてください。いっぱい出てくると思います。

いろんなことが楽しくもあり、また悩みもある時期なんでしょう。

私もそうだったように思います。今思い返せば、しょうもないことといらんことと、水泳以外のことは思い出せません。それ以外のことをしてなかったためでしょう。それでもそのことはとっても楽しいことでした。

だからお前も、今できることや感じれることをいっぱいしてほしいと思います。

体も大きく、逞しくなって、もうすぐ身長も追い抜かれそうですが、その成長を見ているのが親として、なかなか楽しいことでもあり、ちょっと取り残され感もあり、微妙な感じもします。

そんな感覚を得られるのも、お前の成長があって初めて感じられるものです。どこまで、心も体も大きくなるのか、楽しみにしています。

別に立派な人になってほしいとは思いませんが、いろんな意味でおもしろい人生を進んでいってほしいと思います。

親としてできるだけのことはしてあげたいと思いますが、最終的にここを巣立って自分で生きていくのですから、自分の生き方のこだわりや頑固さも自分で見付けてほしいと思います。

そう思うと、受験も自分の進む道を自分で見付ける一つの作業です。納得のいく決断をして、それに向かって努力してください。

父親としてというより、私自身もみんなに負けないように、いろんな努力をしていきたいと思います。

そのうちに腕相撲も負けるんだと思いますが、それまでぐらいまでは父の言うこと聞いておいてください。

充実した一年を送り、いい15歳を目指してくださいね。大人になっていくことは、とっても楽しいですよ。

勉強、野球、友達、彼女、趣味、ゲーム、オシャレ……いろんなことに貪欲に関わって、楽しい時間を過ごしてください。

プレゼントは、またほしいもの言ってください。買いに行きましょう。

父より

第4章

ガミガミ言ってもムダ！叱る時はメリハリが大切です

「叱ってなんとかなる」お年頃ではありません

何度言っても宿題しない、弁当箱を出さない…

お母さんの思い通りに言うことを聞かせようと、思春期前の「男の子」時代は、頭ごなしに叱りつけてもなんとかなっていました。

しかし、もう「叱ってなんとかなる」年齢ではありません。同じことをしようとすると反発を生みます。さらに、彼らはうまくかわして逃げ出します。

ですから、今までと叱り方を変える必要があります。

では、今までの叱り方をどのように変えると、思春期男子の心に、こちらの思いが伝わるのでしょうか？　ここでは、その具体的な叱り方について紹介します。

彼らは、いつも何をしていますか？

うちの息子達は「携帯」「テレビ」「メール・LINE」「マンガ」「ゲーム」「素振り」「食べてる」「寝てる」ぐらいです。ひたすらこれらをローテーションで回しています。本当に行動パターンが単純で、いつも同じことをしています。その同じことというのは、別の意味でも発揮されています。

いつも宿題ができていない、いつもお弁当箱を出さない、いつも学校のプリントを出さない……。そのたびに奥さんが叫んでいます。

「宿題やったの？　昨日もおんなじこと言ったよ！　毎日言ってるよ！」

「お弁当箱、出したの？　いいかげん覚えなさい！　明日からお弁当つくらないよ！」

「学校からの連絡は？　プリント出してないのと違う？　何べん言ったらわかるの？」

何度も同じことを言わされるお母さんも、大変ですね。

こうしたまったく不毛なやりとりが、毎日永遠に繰り返されます。なぜでしょうか？

毎日の不毛なやりとりのワケ

一つは息子の問題です。基本的にお母さんの言うことなんか、まったく聞いていません。というか、聞くつもりがまったくありません。

高校生の息子の野球の試合を見に行ったことがあるのですが、彼は、そこで顧問の先生が話す一言一言に対して「はいっ！　はいっ！　はいっ！」と、すべてにハキハキと大きな声で返事をしていました。

やればできるのです。返事も行動も伴うことができるのです。「家でもやってよ！」という気分になりますね。

しかし家ではしない。できない。するつもりがない。家ではリラックスモードで、外では緊張モード。そのメリハリはついていますが、ちょっとつきすぎですね。

家で緊張を強いる必要はないですが、最低限度のことは意識させてみましょう。

そしてもう一つはお母さんの問題です。いろいろと息子に言い続けていますが、それらをすべて、「本当にやめてほしい」、あるいは「きちんとしてほしい」という思いを込めて「本気」で言っていますか？

なんだかそれを言うこと自体が、ルーチンワークになっていませんか？　そして、それを関わりや対応だと思っていませんか？

お母さんが悪い、ということではありません。お母さんの思いと息子さんの思いが、うまく噛み合っていないのです。ちょっと強く怒ったりキレたりすると、その時はいい返事をして、すぐに行動に移します。でも長くは続かず、結局その場限り。

なぜでしょうか？　それでもなんとかなるからです。

では、**思い切ってゴール設定をして、やることに優先順位を付けてみましょう。**

そうすれば、不毛なやりとりも解消されます！

思春期男子は、やることの優先順位が付けられません。「今・ここ」の人達なので、今、目の前にある、おいしそうなものや興味のあることしかできないのです。後になってから遅すぎるぐらいの時に、すればよかったことに気が付きます。ですから大変でしょうが、彼らが正しく優先順位を付けられるように導いてあげてください。

時々「監査」が必要

彼らは基本、何度同じことを言っても聞いていませんし、すぐに忘れます。「わかってる？」「大丈夫なの？」「〇〇はちゃんとしたの？」と確認しても、「わかってるって！」「ちゃんとした！」と、なぜだか少しキレ口調。

不条理を感じながらも「そう言うのなら、まあ大丈夫でしょう」と、お母さんも一安心できればいいのですが、実際、彼らはやってません！

言葉だけに惑わされないでください。本人なりにはしているつもりでも、お母さんのレベル、あるいは社会の一般常識からはかけ離れています。

思春期男子を大切に思ってほしいですが、信用してはいけません。

彼らは、とにかく逃げようとします。手を抜きます。ウソもつきます。すべてが面倒なようです。

見た目は大人ですが、中身は子どもです。プライドは高く、言い方は一人前ですが、

中身は半人前です。その場しのぎの対応で、誤魔化すことも多々あります。

ですから、自主性はある程度認めながらも、すべてを任せるのは、まだ危険です。ある程度のところで、「監査」が必要です。そして、もしできていないのであれば、うまく習慣付くまで、あるいは理解できるまで、しつけていく必要があります。

時には手取り足取り一緒にしたり、言葉だけではない確認も大切でしょう。

手間がかかって、お母さんには大変かもしれません。でも、毎日の不毛なやりとりを減らすためです。今、しっかりしつけておけば、後々ずいぶんラクになりますよ！

「3勝3敗4引き分け」くらいの心持ちで

ああ言えばこう言うになってくる

「男の子」時代は、基本的にお母さんが大好きだったので、その愛情を軸に叱れば、効果はてきめんでした。「大好きなお母さんの言うこと・望むこと」は子どもにとって、ある意味、絶対的なものですから。

しかし思春期になり、お母さんのことは嫌いでもないけど、昔ほど好きでもなく、時としてうざいこともある状態になると、以前のように叱っても効果が薄れてきます。無視したり反抗的な態度も見られるようになって、やりにくくなります。

そんな時は、幼い頃の息子の顔が浮かびます。「あー、あんなにかわいくて、ちっちゃかったのにー」と。だって今、目の前にいるのは、ニキビ面のうっすらヒゲの生えた、自分より背の高い思春期男子なのですから……。

でも、これは、もうしかたがない。

彼らを叱る時は、お母さんも覚悟を決めましょう！

幼い頃は、あまりきちんと説明をしても子どもにわからないと思って、感情的に、そして行動を中心に叱っていませんでしたか？

たとえば、人の多い場所で子どもが大きな声を出している時、まだ幼い頃は、多少強引でも129ページの図「①幼少期」でなんとかなっていたでしょう。

しかし思春期男子は、そんなに単純にはいきません。図「②思春期」を見てください。もうこうなると、何か言うのもためらいますね。一言うと十になって返ってきます。

あーややこしい！

自分なりに考えてくれたらOK

思春期になると、感情と知識・常識などの二つの側面が、ある程度理解できるようになってきます。また、それに伴い、自分自身の思いと社会の常識との狭間で揺れる思いが出てくるのでしょう。だから、生意気な口答えをするようになるのです。

そんな時には、叱る理由を一度投げかけてみてはどうでしょうか？

「なんでダメなのかわからないの？　少し自分で考えてみれば？」というように。

その後に返ってくる反応には、いくつかのパターンが考えられると思います。

息子1「そんなこと、考えてもわからない」

息子2「いろんな人がいて迷惑になるから」

息子3「……」（無言）

どれが正解とかではなく、大切なのは **「叱る」ということの意味を息子に渡す**という関わり方です。

~電車にて~
みんながいるところで大きい声ださないの!!
①幼少期
なんでダメなの?
周りの人に迷惑でしょ?
みんな聞いてないし、おしゃべりしてる人もいるよ!
なんでなんで?
!!
ダメなものはダメなの!! うるさいわね!!
…
…
②思春期
なんでダメなの?
周りの人に迷惑でしょ?
オレよりうるさい人もいるじゃん! なのにオレばっか怒ってさぁ~
この間だって母さん電車の中で携帯かけてただろう?
あーだこーだ
あーメンドクセー

幼い頃は、息子のすべてを理解しコントロールしようとしていました。それがある意味においては「しつけ」ということです。

しかし思春期は、成長とともに自己の判断や価値観を培っていく大切な時期でもあります。そのタイミングや機会を意識して、お母さんは、「叱る」意味や理由を息子に渡せる場を用意したり、また与えるようにしてください。

当然ですが、最初からうまくはいかないですよ。反抗もあるでしょうし、また戸惑いもあると思います。固まったり、イライラしたり、うまく言葉にできないことも多々あると思います。

しかし、そのことが大切なトレーニングなのです。

関わりの感じでは、10戦して「3勝3敗4分け」ぐらいでどうでしょうか？

ほぼ互角な感じです。**親は「子どもに負けられない！」という思いが強いですが、少しずつ負けることも覚えて、そして息子にも花を持たせてあげてほしいと思います。**

いずれ彼らが、チャンピオンになるのですから。

そこであまり息子と張り合ったり、すべてに勝ちに行く必要もないと思います。

ガツンと叱らなければならない時もある

修学旅行先の街中で打ち上げ花火

思春期男子はパワーの塊です。その溢れんばかりのパワーが時として、本当に溢れてしまうことがあります。とくに思春期男子同士の悪乗り、悪ふざけが過ぎてしまうことも！

知り合いの話ですが、男子高の修学旅行で九州に行きました。グループの自由時間の時に、一人の学生が花火を買いました。

「旅の思い出に打ち上げよう！」と、なんだかよくわからない理由で盛り上がり、次々と打ち上げ花火を購入。その勢いのまま、みんなで人通りの多い街中で花火を打ち上げてしまいました。

当然のごとくパトカーが出動！　全員、警察のお世話になり、修学旅行は突然の中止！　全員、強制送還！　当然、親は呼び出され、緊急保護者会の開催……。

ここまでくればなかなかのものです。「若気の至り」では済まされません。

他の人々への迷惑や影響、親としての責任など、いろいろなことが頭に浮かんできます。当の本人には、それなりの反省となにかしらの償いや罰を与えたくもなります。

「もう大きいから」と遠慮してはいけない

思春期男子は時として、反社会的なことや非社会的なことをやらかします。そんな時、親は無力感を感じます。

しかし大切なことは、そこからどうするかでしょう。思春期は子ども自身の変化の時期でもありますが、親の、そして家族の変化のタイミングでもあります。

息子と一緒に家族も変化できるように、価値観や態度、行動などのすり合わせをしましょう。

今の例のように、叱りたくはないけれど、やはりどうしても叱らなくてはならない時もあります。そんな時、親は子どもから逃げてはいけません。言っても聞かないからと、注意することをあきらめてはいけません。

親の役割は、子どもが自立できるように、社会に出る前に「社会の常識」を身に付けさせることです。

「社会の常識」には、親の価値観がかなり影響しています。家の中で財布からお金を盗っても「盗難」にはなりませんが、家の外で同じことをすると「盗難」になります。それが「社会の常識」です。こうしたことを幼少期から教えていくのが親の役目です。

ですから子どもが常識外れのことをしていたら、覚悟を決めて注意してください。この時期に注意しておかないと、後々もっと苦労することになります。

親のメッセージや気持ちを、子どもにしっかり伝えることが大切です。

ダメなものはダメと言うのが親の仕事

思春期になると、次第に友達との関係性が強くなり、「友達の家に泊まっていい？」と聞いてきたり、「みんな泊まると言ってる」と言い出すようになってきます。

よく聞いてみると、「みんな」でもないのですが、息子からすれば自分以外のメンバーがすることに取り残される感じになるのでしょう。

こんな時は、どうしますか？

「別にいいよ」と言ってもいいけれど、「先方のお家はどうか？」「本当に〝みんな〟なのか？」「集まって何かトラブルにならないか？」など、いろいろと心配は尽きません。

「友達と映画に行っていい？」「晩ごはん食べてきていい？」「友達とディズニーランドに行ってきていい？」「泊まりがけで旅行に行ってきていい？」など、子どもから判断を求められることが、思春期にはたくさん出てきます。

そのたびに親は、これまでの家のしつけやルールの在り方を問われます。

もちろん全部に「ダメ」と言うことも、「いいよ」と言うこともできます。

しかし、この時「なんでもいい」「どちらでもいい」などの、あいまいな答え方はよくありません。一見、物わかりがいいようですが、それは放任です。思春期男子には、まだ少し早い気がします。

ここで大切なのは、それぞれの要求や質問に対して、判断したり、約束したりして、わが家ならではの枠組み・ルールを作っていくことです。

もし、親のしつけのやり方や家のルールに、彼らが反抗してきたら、お母さんは逃げないで、理由や思いをしっかり伝えてください。

中途半端な言葉で逃げられると、彼らもどうしていいかわかりません。ダメな時は「ダメ」と言うことが大切です。

葛藤や対立の経験は、「引き受けて、責任を持つ」ということです。こうした経験は、子どもを逞しく成長させます。逃げずに、真っ向からぶつかりましょう。

この叱り方ができたら、思春期男子マスター！

「～しよう」の肯定的な表現

思春期男子を叱る時に共通することは、お母さんの思い通りにならないということ。つまり、お母さんの考えや願いに、彼らが対抗、反発、無視という否定的な対応を取っているということです。

こうした対応をされると、「怒り」「悲しみ」などの感情が湧いてきますね。そして、ついついそれをそのまま彼らにぶつけてしまいます。

そうすると、彼らも感情的になっているので、感情的なやりとりだけに終始してしまい、気持ちがお互いにもつれたままになります。

これでは、ただのケンカです。

感情的なもつれからは、反省して、その後の行動や態度を改めようという気持ちは生まれません。


そんな時は、怒りや悲しみの否定的な感情をそのままダイレクトにぶつけるのは止めて、「〜しよう」と肯定的な表現で叱ってみましょう。

これは、「ほめる」と「叱る」の特性を踏まえて、プラスに作用させる叱り方です。

日頃、彼らと接していて、「ほめる」より「叱る」ほうが難しいと感じませんか？

それは、「ほめる」が肯定の感情でプラスに作用するのに比べて、「叱る」は、どうしても否定の感情が先にきてしまい、マイナスに作用することが多いからです。

この特性をよく理解して、肯定的な表現を使って、プラスのイメージを与えて叱るのが、この肯定的な叱り方です。

これができれば、かなりの思春期男子取り扱い上級者だと言えます。

また、叱責やなじったりすることも、同じように避けてください。息子の個性や、タイミングなどをうまくはかりながら行いましょう。

「叱る」とは、こちらの思いを相手にうまく伝えて、相手の行動に変化を起こさせるための働きかけです。

単に怒りの感情だけを相手にぶつけるのは「怒る」です。

お母さんの苛立ちや怒りを息子にぶつけるだけになってしまうと、それは叱ることにならず、息子にもお母さんにとっても、あまり意味のないことになります。

「叱る」は、親子の関わりや関係性をうまく整える装置です。装置をうまく使って、お母さんのメッセージを適切に送るのです。

つまり「叱る」ということを、どう使うか？　それが大切なんです。

相手の行動を訂正したり、自分の気持ちを切り替えたり、お母さんの思いを息子にうまく伝えるために、叱るという装置をうまく活用してくださいね。

「味方」メッセージで心に響く

思春期男子を叱る時は、「あなたのことを大切に思っている」というメッセージを一緒に伝えるようにしてみましょう。

ここでのポイントは、**主体が「あなた」**であること。つまり、「あなたの味方です」「あなたが幸せなら私は嬉しいです」「あなたを信じています」ということです。

思春期男子は反発心もありますが、どこかでお母さんを求めていたりします。そのアンバランスな心の状態が、さまざまな行動に影響を与えています。

そのような感情のグラグラしている時に「味方」メッセージは、かなり効果的です。

相手はメンタル的に弱っていますからね。チャンスです！　心に響きます。

ここで気を付けたいのが、似ているようで異なる「あなたのために言ってるのよ」というメッセージです。

これは、子どものことを心配しているように聞こえますが、実は、主体がお母さんです。つまり、「あなたにしっかりしてもらわないと、私が安心できなくて困ります」ということです。

これでは押し付けがましくなり、彼らもうんざりします。

気を付けたいところですね。

第5章

思春期男子がたちまちやる気になるほめ方

放っておくとラクに流れる。それが男子たるもの

やる気に火を付けるには母の力が必須

思春期男子は基本、ほめられるのが大好きです。けっこうおだてに乗りやすいというか、ほめて伸びていくことも多いと思います。そのことによって自信を付けていきます。

しかし、幼い頃とは違い、それなりに成長し、知恵も経験も付けてきているので、「子どもだまし」がだんだんと通じなくなってきます。なかなかに手強いです。単純におだてて乗せれば、すべて解決するというように甘いものでもなくなってきています。

では、今までのほめ方をどのように変えると、思春期男子のやる気がわいて、能力

や学力が伸びていくのでしょうか？　ここでは、その具体的なほめ方を紹介します。

思春期男子を見ていると、いろいろと腹が立ちます。もう少しちゃんとしてほしい。あと少しでいいから努力してほしい。「やればできるのに！」と思ったことは数知れず。

学校の先生からも、「○○君は、やればできるのに、なかなかやる気がねー」などと言われた経験ありませんか？

ですが**「やればできる」というのは、これウソです**。そんなの、誰でもやればできます。それができないから、困っているのです。

「何かをやると決めて、実際にやっていく」ためには努力が必要です。その言葉だけに望みを抱いて、「いつか息子はちゃんとやってくれる」みたいな幻想にすがるのはやめましょう。多くの息子はやりません。

やる子は、ちゃんと小さい時からやっています。しかも、あまり言われなくてもやっているものです。

そうではない多くの思春期男子には、やはりお母さんの積極的な関わり方の工夫が必要になってきます。上手にほめて、嬉しくさせて、やる気にさせるのです。

得意なことをとことんほめる

では、彼らは何をほめられたら嬉しくなるのでしょうか？

基本的には「男の子」時代と同じです。思春期男子はオタク気質なので、自分の好きなこと、得意なこと、興味のあることについては、とことんハマっていきます。彼らは自分がこだわっている箇所をピンポイントでほめられると、とても喜びます。「そこを見ているとは、お母さん、なかなかやるなぁ」と思ってくれるのではないでしょうか？

ただし、「認めてほしいけど、ちょっと恥ずかしい」という、ややこしい感覚の持ち主でもあるので、ほめポイントを見付けた時は、大げさにほめちぎるのではなく、その箇所を認めてあげたり、それに関するうんちくを聞いてあげてほしいと思います。

彼らがなにかしら結果や形を成した時は、ほめて認める最大のタイミングです。テストの点がよかった、他人からよい評価が得られたなど、息子自身も自分に対する評

価が上がっている時は、素直に、そして生き生きと、お母さんの評価をいいように受けて入れてくれます。

ただし、あまり評価しすぎると、調子に乗りすぎることもあるのでご注意を！

成功に対するハードルが高い

男子はプライドの高い生き物です。周りの視線を常に意識しています。

ですから自分の自信のあるもの、得意なものをほめてもらうことに無上の喜びを感じます。たとえば、得意な科目のテストの点や、他人より抜きん出ていると思っている箇所などです。

運動をしているうちの息子なんかは、やたらと筋肉や体力アピールをしてきます。

風呂上がりに自分の筋肉を鏡に映して、うっとりしています。本当に邪魔です。

しかし「邪魔」とか「気持ち悪い」とかは禁句です！失礼です！　自己世界の中での一番を目指しているので、そのプライドを大切にしてあげてください。

「すごいね！」「前よりよくなったんじゃない？」。これらは、いいほめ方です。過去の自分より確かな成長を感じられます。息子心のその辺を理解してあげてください。

「邪魔」「気持ち悪い」以外にも、思春期男子への禁句はあります。

彼らが傷付く言葉は、主に次の三つ。デリカシーのない言葉は基本的にダメですよ。

①みためのこと（ニキビ、身長、体重など）
②比較（他人との比較。集団の中での比較。過去の自分との比較）
③将来のこと（「どうせ何やってもムダよ」など）

男子は、プライドが高く、成功に対するハードルが高いです。

そのため、その途中で起きる少しの失敗や挫折が、次へのステップや挑戦に向かう障害になってしまうことが時々あります。たとえば失敗すると、内側の安全なところ「実家」「自分の部屋」に逃げ込んでしまうのです。

ただし、そこに居付いてしまうと、外に出て行くことが難しくなります。家庭が息子の「安全基地」になることは大切ですが、そこで変に親が守ってしまうと、子どもの自立能力は高まらないでしょう。

将来独り立ちしていけるようにするには、それまでの育ちの中で、社会が安全であるということを伝える。そして、危険に対応する能力を高めておくことが大切です。

最初は熱中しても、すぐに飽きる…やる気が続かない！

このままでは何もしないダメ人間に…!?

思春期男子のやる気はムラムラしています。といっても興奮しているのではないですよ。「ムラ」があるということです。すごくやる気を見せたかと思うと、すぐにあきらめてしまったり、日替わりで、周りで見ていてもよくわかりません。

さらに、思春期男子のやる気は、なかなか継続が難しいです。その一瞬は、やる気を見せたり、また反省をして真摯な態度で臨んだりします。こちらも「おっ、頑張ってる！」と喜んでいたりするのですが、その後すぐに急降下。勉強、家の手伝いなどは残念ながら、なかなか定着、継続しませんねー。

「遊んでないで勉強したら！」

「宿題終わったの？」

別にお母さんも、こんなことを言いたくて言っているのではないはず。

しかし自分が言わないと、いつまでたっても息子は何もしないまま、結局ダメ人間になっていく……。

きっと、こんなストーリーが、お母さんの頭の中で勝手にできあがるのでしょうね。

大きなストーリーで引っ張る

では、やる気を継続させるためには、どうしたらいいのでしょうか？

基本的に、思春期男子は飽き性です。

調子にはすぐ乗るくせに継続性がない。いろいろな面で残念です。

たとえば「夏休みの生活の計画」の計画を作ることには一生懸命なのに、実効性は、ほぼゼロです。まったく何の計画なのかわかりません。

なぜなのか？　その理由は、**視野が狭く、視点が近い**からです。興味の幅が狭くて、コツコツと努力することの意味がわかりにくいのだと言えます。

だからまずは、子どもの興味のあるもの、関心の高いものをうまく使って、そこから将来的なストーリーを描いていくといいでしょう。


たとえば、英語の勉強をさせようと思っても、「英語がなんの役に立つの？　一生、日本から出ないいし、外人きたら逃げるから大丈夫！」とワケのわからない理論を展開する思春期男子に、どう応じるか？

少々壮大で妄想的でも、**大きな夢やストーリーを描いてみましょう**。

「野球続けるのでしょ？　高校は強豪校に行って、甲子園に出て、ドラフト一位指名されて阪神に入って、五年後にポスティングでメジャーリーグに行くのなら、今のうちに英語を勉強しといたほうがいい！」

ということで、うちの三男は英語を頑張っています。ね！　単純でしょ！

「認める」場面を増やして

「ほめる」のもう一つ上のグレードに「認める」があります。

「ほめる」はどちらかというと、お母さんから息子への一方的なメッセージの場合が多いです。ほめられた本人はうれしいのですが、時にはどうしてほめられているのか、その意味がわかっていないこともあります。

それに比べて**「認める」は、成功体験や社会的価値など、なにかしらの「息子自身の実感」が伴います**。たとえば、クラブ活動で試合に勝ったり、よい成績をほめられたりなどの体験です。

つまり、息子とお母さんの間に、相互的な意見の合致があるということです。これが「ほめる」との大きな違いです。息子が自分自身で、リアルな感覚として実感することがまずあり、それをお母さんが追認していくことで、より強固な感覚や自信につながるのです。

以前、うちの中学生の息子が下校時に、道端で突然倒れたおばあさんに駆け寄り、介抱をして、お家の方に連絡をとったことがありました。

驚きました。そしてうれしかったです。それを家で話しました。

その時伝えたのは、「それはとてもいいことをした！　おばあさんだけでなく、僕もうれしいし、家族の方もうれしいと思っている。こんなことをぜひ続けて！」ということでした。

これは「ここまでよく育ってくれた」という気持ちと、人のために何かできることの素晴らしさに対する感謝でもあります。

息子に感謝するというのも、いいものです。

子どもの成長を感じて、認める場面をぜひ増やしてほしいですね。

「どうして勉強しないといけないの？」と聞かれたら

勉強は優先順位が低い

お母さんが、息子さんをなかなかやる気にさせられないと感じる問題の一つが、勉強にまつわる問題ではないでしょうか？

中学生や高校生になると、勉強の比重が大きくなってきます。そして、その内容もボリュームも以前とは比べものにはならないぐらい増えてきます。

しかし、思春期男子は勉強ばかりしているわけではありません。学校の生活にクラブ活動、趣味、習い事、友達や彼女と遊んだりデートしたり、はたまたテレビを見て「ガッハッハッハ！」と大笑いしたかと思うと、一心不乱にメールにＬＩＮＥ！

まあ内容はともかくとしても、あれやこれやと、とても忙しいのは確かです。

お母さんにしてみれば、学生の本分は「勉強」だと思いますし、いろいろと楽しみたい気持ちもわかるけど、まずは「勉強を先にして！」と思うでしょう。

でも、思春期男子の優先順位はこんな感じらしいです（息子達談）。

1 クラブ
2 異性
3 友達
4 食べ物
5 テレビ
6 好きな芸能人
7 マンガ
8 ペット
9 お風呂
10 おやつ

残念です。とても残念です！

勉強なんかは言葉自体が見当たりません。学校も、家族も、はたまたお母さんなんかもランク外です。家族のことで入っているのは、ペットだけですからね！

つい後回しにしてしまう理由

これには二つの理由があると思います。

一つは単純に、勉強が「いや」、あるいは「嫌い」ということ。

そしてもう一つは、とても気になっていて取り組まなくてはいけないと思うけれど、それがプレッシャーや不安の材料になって、「意図的に遠ざけている」ということです。この場合、「嫌い」ということとは違います。

前者の「嫌い」に対しては、勉強の遅れや苦手な部分を頑張って補うしか方法はありません。

勉強は積み重ねの産物です。算数を一つ例にとってみてもわかりますが、二次方程

式の前に一次方程式がわからないと解けません。そのためには、基本的な四則計算の規則の理解が必要です。

「苦手、嫌い、わからない」の根底には、個々のつまずきや積み残しの問題があるのです。

「どうせ勉強したって…」

さて。問題は、二つ目の「遠ざける」場合です。こちらは決して苦手なわけではないでしょう。反対に「勉強することの大切さ」は十分にわかっていると思います。

それなのに「やる気」が起きない。なぜ取り組みたくない気持ちが強いのでしょう?

その一つに「勉強をすることの意味がわからない」ということがあると思います。

今の子どもたちは幼い頃から、ある意味とても要領よく育てられてきました。頑張ればほめられる、努力すればそれが報われる、という社会や文化の中で生活をしてきました。「努力=結果」ということが、とてもわかりやすく、明白だったのです。

しかしここにきて、いざ自分が進もうとする進路や社会には、その公式が当てはまらないケースが多いことに気付きます。これまでの文化の否定です。

お母さんは息子に、なぜ「勉強しなさい！」と言い続けているのですか？

「いい高校に入り、いい大学に行き、いい会社に勤め、安定した生活を手に入れることが人生の幸せ！」ということですか？

もちろん、それ自体を否定するつもりはありません。一つの生き方の在りようだと思います。しかし、それ以外の生き方やモデルをお母さん自身が知っていたり、あるいは肯定できたりしていますか？

学ぶ意味を子どもに伝えられますか？

思春期男子は、そこの葛藤に悩んでいるのだと思います。

学ぶことと勉強することとは、本質的には、人の成長にとってすべて大切なことであり、何一つムダなことではないはずです。

しかし「受験」というキーワードを当てはめた途端、「英国数理社」という受験科目だけが勉強の対象とされてしまい、非常に限定的な受験科目だけが「勉強」のように捉えられてしまいます。システムがそうなっているのでしかたがありません。

そして、それ以外の科目は「副教科」などと呼ばれてしまいます。

こうなってしまうと、勉強の意味合いが根底から変化します。

受験を通じて、これからの自分の人生を見つめた時、息子達がこの違いに戸惑うのは当たり前だと思います。ムダなことは何一つないはずだった勉強に、それほど力を入れてやらなくてもいい副教科が出てきたのですから。


この時お母さんには、「なぜ勉強するのか？」という問いに、きちんと答えてほしいと思います。**これまでの「勉強させられる」受け身の学びではなく、息子自身が主体となって勉強する意味を考えられるようにしてほしいです。**

もちろんこの質問の答えは千差万別です。一言で言えるものではないと思います。

ちなみに、うちの息子達には、「勉強するのは自分自身の選択を広げるため」そして「今の自分にしかできないことを、いろいろな形で試されている」という答え方をしています。そのうえで学ぶことのおもしろさも伝えたりしています。

こうすることで突然やる気が出るわけではありませんが、彼らが学ぶ意味と、しっかり向き合う機会を持つことは、とても大切だと思います。

お母さんが覚悟を決めると息子もシャキッとします！

成績を上げられるのは本人だけ

いろいろな思春期男子や学生、そして自分の息子も見てきましたが、勉強に関して言えるたった一つのことは、「最後は自分でする」という極めて当たり前のことです。

いくらお母さんが必死になって付きっ切りで勉強を教えても、どんな有名な予備校に行っても、家庭教師が五人ついても、最終的には本人の意欲がないと、勉強などできません。

お母さん自身を振り返っても、そうではありませんか？

首に縄をくくって「勉強しなさい！」と言って成績が飛躍的に上がるなら、どこの学校でもそのメソッドを取り入れています。しかしそんなことで勉強をするようにはなりません。

もちろん、もともとの勉強の能力差というものも存在はします。しかしその差よりは、本人の意識ややる気、取り組む姿勢が勉強の成績に与える影響のほうが、何倍も大きいと思います。

そのように考えると、お母さんができることは二つだけです。

一つは「学習意欲」をうまく引き出してあげること。

そしてもう一つは、「勉強できる環境」を整えてあげることです。

「勉強しよう！」と思わせるには

では、具体的には、どうしたらいいのでしょう？

これは先ほど述べた「なぜ勉強をするのか」という問いに答え、これまでの自分の経験をお父さんや家族とともに話したり、息子の今後の将来について考えたり相談していくということです。より具体的で実施可能なことを話してほしいと思います。

そのためには、**お母さんも息子の進路や受験について学ばなくてはなりません**。

これから彼が進学する地域の高校の入試制度が、どのようなものか知っていますか？　学校の偏差値を答えられますか？

お母さんも一緒に学んでくれることは、彼にとっても心強い支えになります。

ただし、あくまで受験、勉強するのは息子です。大学の入試説明会などで、受験する当の本人を差し置いて、勢いよく、あれやこれやと質問をしているお母さんを時々見かけます。そんなお母さんの下では、息子は育ちきれませんよ！

息子を置いてきぼりにして一生懸命になりすぎないように、注意してくださいね。

お母さんから「塾には行かせたほうがいいのでしょうか？」「家庭教師を付けたほうがいいのでしょうか？」と聞かれることがあります。これに正解はありません。

ただし、いくつか条件があると思います。本人の思い。本人の性格やタイプ。学校や生活の環境。塾などの環境や費用。これらによって、さまざまだと思います。

たとえば有名予備校に通う環境が整ったとしても、それに満足して本人が勉強しないことには、せっかく整った環境が、まったくもって無意味です。

また、環境がなかなか整わず、学校の学びしかできないということも当然あります。それでも、学校の授業を中心にしっかり予習復習したり、通信教材や参考書などを活用したりといった勉強方法の工夫。あるいは、図書館や自習室を活用するなど学習環境の工夫。こうした今ある環境をフル活用して、より自分に合ったやり方で勉強することはできます。

突き放されて目が覚める

いずれにしても、親ができることは、思春期男子が勉強しやすいように周りの環境を最大限に整えて、彼らを支えることとだけです。

この二つしかできないという覚悟を持つことは、お母さんにも彼らにも、それぞれにとって大切なことです。

思春期男子は、どこかで幼少の体験や記憶を引きずったまま、最後にはお母さんが「どうにかしてくれる」「なんでもしてくれる」とタカをくっているところがあります。

そこを「勉強」ということを持って、冷や水を浴びせかけてください。「できるだけのことはしてあげたいけど、できないこともある！　あなたの人生はあなたが切り開くのよ！」というメッセージとともに。

そうすれば目が覚めます。目を覚ましてあげてください！

彼らは今、**人生の分岐点**にいます。どちらに進んでいいのかわからず、とても不安定な中でもがいています。あるいは、もがきたいと思っても、もがき方さえわからずに、悶々と苦しんでいます。懸命に自分の人生を築こうとしています。

彼らは、大人から見れば、稚拙で未熟で甘ったれです。夢みたいなことや、ワケのわからんことをいっぱい言い出します。

口ばかりで一切行動が伴っていません。

でも、それでいいのです。それができること、言えることが思春期の素晴らしさです。思春期という大人になるための通過儀礼には、いろいろな痛みが伴うこともありますが、致命傷にならなければ、ほっておいても大丈夫です。

ある程度ほっておかれたほうが、子どももしっかりしようと頑張るものです。信用してあげてください。

なぜならお母さんの息子だからです。これまで育ててきた時間と手間と思いは、決して裏切りませんよ！

第6章

「自立した大人の男性」に育てるために

子育てのゴールは子どもの自立

この先10年の関わり方にかかっている

子どもによって時期はさまざまですが、近い将来、思春期男子は親元を離れていきます。彼らが一人で生きていけるようになれば、子育ては成功だったと言えるでしょう。

中学を卒業して職人になる子、高校から寮に入る子、大学進学で下宿を始める子、大学院に進学して海外に行く子、就職して引っ越す子、結婚して新居を構える子……。

これ以外にもいろいろな選択肢があり、その組み合わせは無限です。

少し前の社会では、これほど多くの選択肢がありませんでした。だいたいみんなが同じようなライフコースを歩み、それぞれの生き方が予想可能な状況でした。「一億総中流」というのは、生き方がとても均一化されていたということの表れだと思います。
それが今の社会はどうでしょうか。とても選択肢が多くあり、また日々新しい生き方や職業が現れては消えていっています。さまざまな状況が複雑になり、簡単に正解や不正解が出せなかったり、あるいは善や悪というこれまで当たり前だったことが、とてもわかりにくい時代になってきました。

この時代を生きていくのは、とても大変なことです。これはお母さんも身をもって実感していることでしょう。その複雑で多様化した時代と社会に、子どもを送り出すことは、とても不安なことです。

かと言って、息子さんに代わって彼の人生を生きることはできません。してもいけません。

子どものことを愛しているのならよけいに、ちゃんと生きていけるように自立させてあげてください。**子どもの自立は親の責任です**。

思春期男子がどのように手離れして、独り立ちしていくかは、この先10年のお母さんの関わり方にかかっています！

「一人で一週間生きていく」スキル

自立を目指す思春期男子に、ぜひ身に付けてほしいのが「一人で一週間生きていくスキル」です。明日からお母さんが急に一週間いなくなる。そんな時、息子一人でなんとかやっていけると思いますか？

でも、いきなり「一週間一人で生きてみなさい！」と言っても、なかなか現実的ではありませんね。ステップを踏んでみましょう。

まずは、ステップ1。お金を渡して買い物をさせましょう。もちろん一人だけで。「お母さん、今日、出かけるから、お昼ご飯、自分でなんとかして」と言って、500円か千円程度のお金を渡してみましょう。

そして、それをどう使うのか、何を買ってくるのか、試してみましょう。

自分の食べたいものや量がわかっているのか、いらないものやお菓子ばかり買ってくるのか、お釣りはどうするのか、などいろいろなことが見えてくると思います。

そして、ステップ2。ご飯を作らせましょう。

最初はお願いして、作ってもらいましょう。

もし、作るのを嫌がるようなら、お母さんは、一度、仮病でもしましょうか（笑）。

彼らは家の中のどこに何があるか、わかっていますか？

調理器具や調味料、火や刃物の使い方、食材や衛生面の管理など、料理には本当にいろいろな能力が必要になります。やらせてみると、それらができているかどうかを一度に確認できます。


買い物や料理といったスキルは、生きていくうえで必要なことなのですが、多くの思春期男子は、まずできないように思います。

そのことをお母さんが実感する。そして、そのことを彼らに意識させるようにする。

些細なことですが、生きていくうえでは大切な経験です。

「ウチの子は大丈夫」と思われているお母さん！　息子さん、けっこうできませんよ。

だから少しずつ自立させる場や機会を作ってあげる必要があるのです。

突然自立はできませんから！

息子の人生は息子のもの

「正義のヒーロー」にはなれないことに気付いたが…

男の子時代、息子さんは大きくなったら何になると言っていましたか？「アンパンマン」「機関車トーマス」「正義のヒーロー」「忍者」「野球選手」「Jリーガー」「お医者さん」「偉い人」……。こんな感じだったと思います。

その時はお母さんも「そうねー。頑張ったらなれるかな！」と、まあ微笑ましい適当なことを言っていましたね。どう頑張っても「機関車」にはなれませんからね。けれどそこにはお約束があります。なりたいものは、あくまで子ども達の心の中のものであり、空想の世界の出来事だということです。大人は誰も本気にしていません。

つまり、それは子どもの憧れであり、実社会のリアルではないということです。

それでは、その実社会のリアルには、いつ気が付くのでしょうか?

それがこの思春期です。良い意味でも、また悪い意味でも、自分という実際の大きさやリアルな自分に気が付きます。

幼少期は、無限の可能性や大きさを感じていました。また比較対象がなく、社会のいろいろなもの(ヒーローやスポーツ選手など)に自分を投影し、それを直接自分の中に取り込んでいるだけでした。夢やおとぎ話の世界観と言えます。

それが思春期になると、学びや体験の中で実社会の仕組みが少しずつわかってきます。

また、友達関係や仲間関係の中で、人の能力の差や違いに気付いていきます。「得意なこと不得意なこと」「できることできないこと」「なれるものなれないもの」など、うっすらだけど将来のことや、自分自身の立ち位置なども、なんとなく感じてきます。

ただし、それはまだまだはっきり明確なものではないと思います。視界のとっても悪い霧の中のような感じです。

まだ視界の悪い霧の中にいる

そのような中で、学校の勉強やテストがどんどんと進んでいきます。お母さんは口を開けば「勉強しなさい！」「ちゃんとしなさい」「テストでしょ！」と言い続けるようになります。

また、初めての進路選択という状況に直面します。ほとんどの子どもたちが「高校受験」をします。これまでの学習や成績によって大きく進路が変わっていくのです。

彼らは否応なしに、この現実に立ち向かわなくてはなりません。それを合図に、その後は大学、大学院や就職と、果てしないレースが続いていきます。

このように、今まで「なんとなく」であった進路や将来の夢、なりたい職業や生き方について、突然「リアリティ」が求められます。

まだ現状把握ができていない中で、「どうするの？　将来？」「何の仕事がしたいの？」「お父さんみたいになったらダメよ！」と、周りの思いやメッセージがたくさん届けられます。

彼らは、またここで混乱します。「明日のこともよくわからないのに、将来のことを言われても……」。そんな感じでしょうね。

親の理想を押し付けることだけはしないで

しかし、ずっと親が手をかけ続けていては、永遠に子どもは自立できません。

「かわいい」は時として残酷です。

かわいがるだけで自立をさせなければ、それはペットです。

人は一人では生きてはいけません。必ずとは言いませんが、基本的にお母さんは子どもより先に亡くなります。その時のことを想定してください。

単にかわいがられただけのペットが飼い主を失ったら、ペットは自分の食べ物を手に入れる方法も、寝床を確保する方法もわかりません。それはとても悲しいことです。

生きづらい社会だからこそ、「社会で生きていけるタフな力」と、「変化に対応できる柔軟さ」を身に付けさせてほしいと思います。

ただし、それらは子どもが幼い頃から、あるいは生まれた時からの、お母さんをはじめとした周りの人との愛情あふれた関わりの中でしか培うことはできません。

それらの関わりを踏まえて、子育てへの一つの答えが出るのが思春期です。


ここで一つお願いがあります。その**答えは必ず息子さんに出させてください**。最後の最後でお母さんが決めてはいけません。

彼ら自身が自分で納得して答えを出していないと、後から嫌なことや、うまくいかないことがあった時に、親や誰かのせいにしてしまいかねません。

そして、お母さんが自分の人生を振り返った時に、できなかったこと、やりたかったこと、理想としていることを、息子さんに押し付けないでください。

小学生ぐらいまでだったら、親が自分の理想を押し付けても大丈夫だったかもしれません。でも、思春期男子に同じことをしても、反発されるだけです。

息子の人生は、彼のものです。決してお母さんの人生のリベンジや、やり直しのために使うことだけは避けてくださいね。

これからは「生き方」で勝負する時代

「進路＝職業」だけじゃない

お母さんの最大の役割は、息子を社会に送り出すこと。つまり自立をさせることです。思春期男子を育てる時にこそ、そこのゴールを少し意識してみる必要があります。

ここで一つ質問です。息子さんに将来、どのようになってほしいと思いますか？「安定している公務員」「大企業のサラリーマン」「手に職のある職人」「特別な資格の専門職」……。お母さん方の中には、こんなふうに思った方がいらっしゃるのではないでしょうか。

これらすべてが「職業」です。これについて少し考えてほしいのです。

今多くの人が就いている職業は、お母さんが子どもの頃にはありましたか？

いくつかはその頃には存在していない職業だったはずです。


僕は昭和43年生まれです。１９６８年最後の60年代です。

ファミリーコンピューターは、中学二年生の時に初めて買ってもらいました。

大学一年生の時に、ハンドバッグのような大きな携帯電話を初めて見ました。

大学三年生の時にＮＥＣのコンピューターを初めて買いました。

社会人になってパソコン通信をしました。

まさにゲームや携帯電話、コンピューターの発展とともに成長してきました。子ども時代には、ゲームも携帯電話も、コンピューターもほとんどなく、あっても一般化はしていませんでした。今更ながら何をして遊んでいたのだろうと思いますね。

その頃は当然ですが、これらに関わる分野の会社や職業は、ほとんど存在していませんでした。社会の発展や技術の進歩とともに、いろいろな会社ができ、職業ができていったのです。

たとえば、動物のトリマー、ネイリスト、システムエンジニア、インテリアコーディ

ネーター、ウェブデザイナー、フラワーコーディネーター、Jリーガー、ファイナンシャルプランナー、ユーチューバー、介護福祉士などは昔にはなかった職業です。

そのように考えると、**息子がこれから就くであろう職業のいくつかは、今の社会には存在していないかもしれない**、ということに気付かされます。

だから息子に将来なってほしいものとして「職業」を挙げることは、もしかするとあまり意味のないことなのかもしれません。変化のスピードの速い社会においては、「進路＝職業」ではないということです。

「何になるか」ではなく「何をするか」

それよりは、未来を単なる「職業」で語るのではなく、「人の役に立つ人」「地域の争いを解決できる人」「困っている人に優しくできる人」「世界を飛び回る人」「誰にもできないことをやる人」「新しい世界を作る人」など、生き方や夢や思いを大切にできるような子どもに育てたいですね。

大切なことは「何になるか」ではなく、「何をするのか」「どうやってするのか」という〝生き方の質〟だと思います。

その方向性を決めるのは、大きく価値観が揺れ動き、できあがっていく、この思春期だと言えます。

だから、この時期の過ごし方はとても大切です。このタイミングで自分の生き方を意識できる、自立を意識した育て方が重要だと思います。

変化する社会の中で大切なことは、単なる知識ではなく、「物事の本質」です。思春期男子達が気付いていない、あるいは体験、経験していない人生の本質を語ることです。

たとえば「どうして勉強しなくてはいけないの？」「人を好きになるとはどういうこと？」「働く意味は？」「なぜ人を殺めてはいけないの？」などの哲学的、あるいは人生の本質的な正解のない質問に、お母さんはちゃんと答えていってほしいです。

人生には正解のない事柄のほうが多いでしょう？

それらに対する立ち向かい方や捉え方、時には逃げ方でもいいと思いますが、そうした姿勢を伝えることは大切です。

たとえば、明らかに相手に非がある時でも、謝らなければならないことがあります。そんな不合理に対しても、その意味を親の体験ベースでしっかり語ってあげてほしいと思います。

思春期男子の短絡的思考に、「生き方」や「人生」という長さの違う物差しを入れてあげることは大切だと思います。

「自分のことは自分でできる」大人になりたい

あれこれ世話を焼いていませんか？

思春期男子の自立を促すためには、今からどういったスキルを教えておけばいいのでしょうか？　ここでは、彼らにとくに身に付けてもらいたい三つを紹介します。

まず自立への第一歩は、「自分のことは自分でできる」ことです。とても当たり前のことですが、残念ながら、多くの思春期男子に、これができていません。

その理由はいろいろとありますが、一つの大きな理由は、「お母さんがするから」です。**お母さんが息子の自立を妨げている**のです。

自分のことを自分でするというのは、ある日突然できるわけではありません。成長とともにトレーニングが必要ですし、意識や価値観の変化が必要です。

しかし、お母さんは変化しません。これはお母さんというより、むしろ家族の問題です。子どもを含めた家族全員の関係性の中で変化を意識しないと、思春期男子はうまく変化できません。

たとえば、息子さんはお母さんのことを普段、何と呼んでいますか？

就職試験の面接で、家族のことを聞かれた時に、「私の父と母は……」ときちんと答えられますか？　「僕のお父さんとお母さんは……」「うちのけんちゃんとみっちゃんは……」とか言っていませんか？

息子さんは朝、どうやって起きてきますか？　毎朝お母さんが「いつまで寝てるの！　早く起きなさい！」と言って起こしていませんか？　寝坊した時など「なんで起こしてくれなかったの!?」と、食ってかかってきたり、キレたりしていませんか？

外食時、息子さんの食事のオーダーは誰がしていますか？

これらすべてを、なんとなくお母さんがしていませんか？

このような状況で、彼が自立できるわけがありません。自分の生活や生き方を、まったく自分で引き受けていないからです。

家族なので、馴れ合いや優しさが大切なのは言うまでもありません。幼い頃は、息子さんのことを何より優先してもらってかまいません。

しかし、彼が思春期の年齢になり、「社会に出ていく」というゴールを少し意識しているのであれば、すぐにやめてください。彼に一人でやらせてください。「すぐに」が難しい場合は、宣言してから「徐々に」でもいいでしょう。

寝坊して遅刻しようが、オーダーがうま

くいかなくて違うメニューが出てこようが、かまいません。彼が次に失敗しなくなればいいだけのことです。それが体験であり、成長です。そして、その一つ一つが自立への、この社会の生き方の勉強になるのです。

決して母性で優しく包み込んだままにしないでください。父性を強くし、線を引いて「ここまでは手を貸すけれど、ここから先はダメ」としっかり伝えてくださいね。

知らない人や文化と触れ合う体験を

自分のことが自分でできるようになったら、次は「社会とつながる」段階です。この「社会」とは、進学先、就職先などの新しい場、たとえば学校、会社、地域などのことです。そして「つながる」とは、その社会における立ち居振る舞いや常識、期待される役割や責任を果たすことができる、ということです。学校でいえば「勉強」ですし、会社では「仕事」または「稼ぐ」ということになるでしょう。

それができれば、周りとの関係性をうまく調整づけて、その場での自分の存在を確保し、自分の責務を全うすることができるようになります。

しかし突然社会と、うまくつながれるわけではありません。社会には社会のお約束や文化、ルールが存在します。そこをうまく理解して生きていくことが大切です。

保育所、幼稚園、小学校、中学校、高校などの教育関係。そしてその中の友達集団や、習い事の仲間達。あるいは地域の人や親せきの集まりなど、思春期男子はこれまでいろいろな社会集団の中で、自分とは違う多くの人達と関わって生きてきました。ところが彼らは、自分への理解や共感が得られる場所は得意でも、そうではないところでは不安になります。そして、その場へ行くことを極端に避けるようになります。でもそこで、あえて彼らにいろいろな体験をさせてみてください。多様な社会とのつながり方や、作法や価値観、考え方や振る舞いを覚えさせておくのです。

この時期に自分とは違う人や文化と積極的に関わっていくようにさせると、これから先、社会とうまくつながりを持てるようになります。

自立に向けての最後の仕上げ

「自立」というと、たった一人で生きていくイメージがあります。誰にも迷惑をかけず、孤高を貫くカッコイイ男子！という感じでしょうか。

しかし現代社会においての自立は、たった一人で強く生きていくことだけではないと思います。時には強さも必要ですが、複雑化し、急速に変化している社会の中では、単に一人だけの能力やパワーなど知れています。

一つのことに長けていても、他が何もできないようでは、これからの社会を生き抜いていけるか、ちょっと不安です。

それならば、自分だけでなく、さまざまな人との関わりやコミュニケーションを大切にして、それらのつながりや絆やネットワークをうまく活用して自分の自立を図るほうが、よりよい生き方につながると思います。

そう考えると、「自立」とは自らの生き方をより豊かにしていく方法であり、決して一人だけで達成できるものではないということです。

「人と一緒に生きていく力を身に付けること」。それが、自立に向けての最後の仕上げです。

思春期は子どもからの卒業試験

手間がかかるからおもしろい!

今まで、いろいろと見ていただきましたが、とにかく思春期男子はややこしいです。
腹が立ちます。イライラします。めんどくさいです。
けれども、それが思春期です。まずはそこを理解してください。

「こんな息子はいや!」と思うのも本音だと思います。
それでは、いい子で手間もかからず、勉強もでき、スポーツ万能で、身長も高く、顔はアイドルみたいで、優しくて力持ちでユーモアのセンスもばっちり、そんな息子がいいですか？　いないですけどね！
それに、息子が本当にそんなに万全なのであれば、お母さんは必要ないと思います。
人間って、家族って、なんかうまくいかなかったり、足りなかったりします。でも、
だからこそ、誰か他の人と一緒に生きていけるのだと思います。
そのためにも、どんなことがあっても、息子を育てることをあきらめないでくださ
い。見捨てないでください。

思春期男子は、いろいろとやんちゃなことをします。時にはそれが、はめを外し過
ぎて、他の人に迷惑をかけたり、社会的にアカンこともあります。
それでも最後はやはり、お母さんや家族が支えてほしいと思います。
思春期は、息子の成長の証です。
息子が親に反抗するようになったら、それは「大人の階段を一歩進んだ」というこ
と。次のステージにうまく移行できた証拠です。
思春期がきたら、今までの子育ては大成功だった！ということです。ご自身の子育
てに自信を持ってくださいね。

いつか必ず終わりがくる

さて。思春期男子のアホっぷりは、いつまで続くのでしょうか？

これはたぶんですが、一生続きますね。

それでも必ず思春期には終わりがきます。どんなに荒れて、ややこしくても！

僕は今46歳です。僕ぐらいの歳で、まだアホのままなのは、さすがにイタイですが、思春期は若さゆえにアホが許される時期です。

そう考えると、思春期は人生の一番華々しい時だと思いませんか？

もちろん当事者の思春期男子はそんなことは思っていません。僕も当時は思いませんでした。今だからこそ思えることです。

人生で一番パワーがあり、そして輝いている「思春期」という期間を、思春期男子には精一杯生きてほしいです。ここで、**思春期生活を力一杯過ごせば、その時期を過ぎると、思春期からきれいに卒業できます**。

そこで力をうまく入れられなかったり、中途半端にしか過ごせなかったら、思春期からうまく脱出できない、大人になりきれない若者になる気がします。

だから今この時期を、お母さんも大切にしてあげてほしいと思います。

思春期は、親が子どもにいろいろと関われる最後の時期です。

息子が将来、一人で生きていく時に困らないように、要所要所で関わって、必要なことは、しっかり伝えてあげてください。


この時期、子どもの変化に伴い、親や夫婦、そして家族全体が変化を求められます。

しかし、家族は基本的に変化を嫌います。いつも通りなんとなく毎日が続いていく感じが心地いいからです。だから、今まで通りであろうと抵抗し、葛藤が生まれます。

でも、この葛藤を乗り越えることにより、家族が変化し成長します。思春期は、新しい家族像を作り直すタイミングでもあるのです。

ゴールまで、あと一歩！

親や家族の存在は、とても大切ですが、一心同体でも運命共同体でもありません。

思春期男子とお母さんも、まったく同じ人間ではありません。ですから、成長した思春期男子は、いつの日か親元を去っていきます。それが最大の親孝行です。

彼らが無事に巣立ったら、次は、お母さんがご自身の人生を大切にする番です。

息子が独り立ちして、親の保護を必要としなくなると、お母さんは肩の荷が降りたと同時に、言いようのないさみしさを感じると言います。熱心に子育てをしてきたお母さんの中には、空の巣症候群から「うつ」傾向になる方もいらっしゃるようです。

自分の生きがいだった息子が離れていく……。さみしいのはわかります。

でも、子どもが巣立った今を、次のステップのためのクッションだと考えてみてはどうでしょう？　膝の伸び切った状態から、次のジャンプのためにしゃがんで膝を休めている状態です。子育てに一区切りついた感じです。

ひとまず、頑張った自分をほめてあげてください。

少し身体が休まったら、今まで子どもに費やしていた時間や労力を、ボランティアや趣味や仕事に充ててみる。または、自身の子育て経験を、次世代のお母さん方に伝えて社会貢献してみる。こうした時間や労力の使い方も、あるのではないでしょうか。

親子の、そして子育ての最終ゴールとは、「子どもの自立」です。

親がいなくても生きていけるようになる、生きていけるようにする、ということです。

幼い頃からお母さんが息子のことを第一に考え、一生懸命、大切に育ててきた理由は、この一点に尽きると思います。

そのために愛情を注ぎ、手間暇をかけて、時間とお金を費やして頑張ってこられたのです。息子が親元を離れ、自分の脚で立ち、幸せに生きていくことのためです。

その大きな岐路が、この思春期なのです。

お母さん、あともう一歩ですよ！

最後に。ビバ！　アホ男子！

〈著者紹介〉

小﨑恭弘（こざき・やすひろ）

◇—大阪教育大学教育学部 准教授。元保育士。1968年兵庫県生まれ。兵庫県西宮市公立保育所初の男性保育士として12年間子どもたちと向き合う。その間には、3人の子の父親として育児休暇を3回取得。

◇—3人の息子は現在、中・高・大学生。自身も3兄弟の長男で、高校生の頃から青少年活動で男子とドップリかかわってきた「男子のプロ」。大学では未来の男子教員を養成中。本書では、自身の子育てや指導経験をふまえて、思春期男子の扱い方のコツを余さず披露。

◇—NHK Eテレ『すくすく子育て』他、テレビや新聞、雑誌等でも活躍中。年間60回ほどの講演は笑いあふれる子育て漫談で、関西を中心に絶大な人気がある。NPO法人ファザーリング・ジャパン顧問。

◇—著書に『男の子の 本当に響く 叱り方ほめ方』（すばる舎）、『わが家の子育てパパしだい！—10歳までのかかわり方』（旬報社）、共著に『新しいパパの教科書』（学研）他。

装幀・本文デザイン……… 鈴木大輔・江﨑輝海（ソウルデザイン）
マンガ・イラスト…………… なとみ みわ

思春期男子の育て方

2015年 5月19日　第1刷発行
2015年 6月 6日　第2刷発行

著　者———小﨑恭弘
発行者———徳留慶太郎
発行所———株式会社すばる舎
東京都豊島区東池袋3-9-7 東池袋織本ビル　〒170-0013
TEL　03-3981-8651（代表）　03-3981-0767（営業部）
振替　00140-7-116563
http://www.subarusya.jp/
印　刷———株式会社シナノ

落丁・乱丁本はお取り替えいたします

ISBN978-4-7991-0423-1